REFLECTIONS

Maríly A Reyes
(MAR)

Narrative, Poetry and
Editorial Fragments

ISBN # 1-931481-37-7

Illustrations: Gabriel A. Zubiat
Data entry and corrections: Vilma E. Muises
Photos and photo (background) cover: Maríly A. Reyes
Photo of author: Jesús Hernández
Design: Augusto Etchenausse

Printed in Mercury Productions, Inc.

2004

Words have the ability to change perceptions and today,
from the wings of butterflies flying into the sunset,
I dedicate, thanking God, this book
to my family and to everyone,
that through my pen,
can take a sip
of my soul.

INDEX

Prologue

My parents chose to give me a somewhat not common name: MARILY. But this at the same time simplifies for me the having to write my last name, for rarely you'll find anyone with that same name. I'm also very attracted by the sea and its depth, sea in Spanish is MAR and if turned around it spells RAM, meaning the symbol of Aries, I was born in April.

Being a little bit of a rebel I didn't want the traditional prologue in my book, instead I preferred "brief" paragraphs from some people. I guess I tend to do things quite different from the majority. Therefore, my book had to be different. Today, playing within the lines of my poetry, my narratives and the fragments of my editorials, I leave my legacy and the importance of being "MAR."

Maríly A. Reyes(MAR)

When I met Marily Reyes , about seven years ago, she wanted to present a new book of poetry from a group she had formed called The Cove/Rincón. I had never heard of them before but her organization's mission statement of "Let no nationality, race, sex nor age make a difference, let's all be One" was intriguing.

Throughout these years she has brought this statement to life with many outstanding cultural events, enhancing the bookstore experience in the companies I have worked for.

She is the embodiment of hope for the arts in our multicultural world. I truly have been a proud partner that will always offer her a place, which allows people of the world to share her artistic vision!

AnthonyAcevedo
Area Marketing Manager
Borders Group Inc.(Miami-Naples)

Marily believes in artists, wherever and when ever they may be and in the creative spirit.

Her philosophy for herself and for The Cove/Rincón is to put our heart and soul into all that we do. It is this idealism that has nurtured and strengthened The Cove/Rincón and brought it to the prominent place it holds in the artistic community. Her passion for The Cove and its members shows in her constantly facing new challenges with integrity and love.

Barbara Weston
Writer/Editor

Mujer, madre, cubana, latinoamericana, ciudadana del mundo que observa y anota el universo que la rodea y el de su interior. Añora ser pintora aunque se declara rotundamente poeta. She travels from the language of her roots – español – to English, where she has blossomed. She knows she is special. Y asume con humildad que la marca de su vocación conlleva la responsabilidad de ser y de dar. De escribir y de convocar la poesía. Este libro así lo muestra.

Uva de Aragón
Associate Director
Cuban Research Institute
Florida International University

"Dreams"

Poetry

Dreams

A heart without a dream
is like a home with no
windows…
A heart with a dream
can smell the promise
of love in the air
and the different scents
of the seasons.
A heart with a dream
can hear the lilies trumpeting
and with applied imagination
will have thoughts of love
sprinkled throughout.
But if I should grow
too old to dream
and can only smell snow
in the fields of my
forehead. If I only
rain along with the day
and silence is too loud…
Remember my eternal present
and how today I thank you
for being in my dreams…

Bohemian Corner II/The Cove/Rincón Int'l (USA)

Slavery of Time

Past Time,
present Time,
future Time,
Time
that conjugates
my life
at its will.
Time, that
saw me grow up
far from my country.
Time that
made me a woman,
mother and friend.
It is you Time,
who swiftly
took from endearment
my children
turning them
into adults.
it is with you, Time
that I see
snow fall
on my forehead
as you steal
my youth...
just as you steal
my beloved
and my yesteryears.
It is you, Time
the paradox
that escapes between
my fingers
and at the same time
is there present,
giving...
taking...
It is you, Time,
who accompanies me
while at your will
you...conjugate,
my Time.

Published by The Italian UNESCO, The Cove/Rincón Magazine

and www.cayomecenas.com

Seasons of the Soul... and Poetry

Looking
upon my snow covered hair,
shimmering
in the early morning sun,
I reflect
on my changing world.
God hides
in the details of my life,
caressing my thoughts
as my heart attacks me.
Weaving together body,
mind and soul... I write,
I write Poetry.
Poetry
is my therapy of naming moments,
crafting images
as I view and do soul work.
And it is
with childlike wonder that I
strive to paint pictures
with words.
The unknown path
of creativity
has mysterious realms. Fear,
happiness, obstacles
are confronted.
It is
an adventure where I connect,
with secret threads that tie together,
bridges
between the physical and the spiritual.
Between
my outer and inner worlds.
It is
a journey into the wounded heart,
a heart
that demands attention
and receives silence.
Poetry
is the voice of the soul, a
universal pull on the human heart.

Words
as waves and whispers,
dwelling inside my breath,
my sound;
turns into Poetry. And
I put in writing
the images
feelings, ideas generated
by the movement of my soul.
Words,
as angels of the wound,
engage images
as perceptions of human life,
my life.
As I write,
I act,
in the best interest of my soul.
It is
like bodywork for the soul,
mending the seamless spirit...
My words
become internal resonance that
echo, through the sacred sounds
of Poetry...

A Moment in Time

For a moment
I stepped back in time
remembering you,
as you were…
and tried to create
a work of art
so painstakingly
executed
it would capture
a moment in time,
time… that will
live forever…
As such my poem
was born,
but failure
dressed my pen,
for I possessed
what none
would take away.
As I drank
a dreadful wine
I spent my days
of voiceless misery
and sorrow
and dug a grave
within my heart
for that moment… in time.

In Blue Jeans

In blue jeans we pass
the time
everybody in their
own mind.
It makes no difference
if you're young or old
love nature or
gold.

In blue jeans we travel
free…
We travel the world
we travel our "Me."

In blue jeans we dress
our fears
we drink champagne
or just beer.
In blue jeans we
ride
whether loose
or tight.
In common the jeans
we all share
put you down for it…
who dares??

So…
In blue jeans we travel
free…
We travel the world
we travel our "Me."

And all of us in
blue jeans
in this world go
sharing dreams
IN BLUE JEANS
          IN BLUE JEANS.

If I Were a Painter

If I were a painter
I'd paint my feelings,
I'd paint the fields,
blooming with love.
I'd paint the world
crying as it rains.
I'd paint what the rock feels
when caressed by a wave.
If I could only paint
what is questioned by the plant
when silently
by pollen is impregnated...
I'd paint how much it's healed,
how much pain is subdued
when we give
just a bit of our love.
I'd also paint how fire
can reduce us to ashes
if we play with love.
I would enjoy painting how,
if we look out a window
and encounter a smile...
how our soul can fly.
I'd paint the kiss
between the star and the mountain,
I'd paint the love
between the spider and the tarantula.
I'd paint our tomorrow,
which will be a new day,
under the same sky and ocean,
but different... anyway.
I'd paint in vivid colors
and in prose
the thorns, the perfume...
and the beauty of the rose.
How agile my brush can be!
Yet, I'm only a person with dreams
who paints nothing, but dreams.

Iberoamericana Magazine (USA)

Oh Gypsy, My Gypsy

Oh gypsy, my gypsy
always tapping
the vast gold mines
within you.
Living life
hanging in a note
just like sweet music.
Under buttermilk skies
in journeys to and from
your soul
you continue my gypsy,
to carve your life
as if it were
the inevitable hour.
Time steals your youth
as a thief
your fine possessions.
But the nomad
never grows old.
Nomadic habits
you never forsake.
At the end of
a day's travel
you set up camp,
yet sometimes you stay
long enough to help harvest
the crop...
Wrapped up in a piece of sky
are the mythologies
you pick up in your wanderings.
Oh gypsy, my gypsy,
you compose your
own music
and hang from
that note.
Oh gypsy, like a wandering
stranger
you pass through this world
tapping the vast gold mines
within you
carving your life,
and mine...

Woman at the Fair

Woman at the fair…

At the Book Fair, that is.
And I… I was working a booth
when this raggedy woman was reading,
on and on a poetry book.

Her hair was not cared for,
grimy, one might say,
her nails long and dirty
probably, had not bathed in days.

Her face big and round,
of makeup no trace
but when her eyes looked at me
I was in a daze.

Who was this woman??
A homeless… must be,
with so many feelings
that had so deeply, touched me.

She finally put down the book
"Too many memories" she said
tears rolled down…
and she walked away.

She kept wiping the tears
but it poured down her face
I couldn't leave the booth, GOD!…
… and now there's no trace…!

Woman at The Fair
Please wait for me
Here!… Take the book.
This one's on me…

Bohemian Corner II/The Cove/Rincón Int'l (USA)

Today...I Touched My Dream

I live
with your name pinned to my lips.
In each and everyone of my days
there's a memory,
something of you,
each
holding a precious moment,
a precious moment with you.
But today
you have made those moments
even more special,
with something strong,
more beautiful.
Today
you let me kiss your smile.
You bit me,
kissed me, burnt me...
You drowned
in the silhouette of my body.
And it was our passion
the most sweet caress.
I galloped,
wrecked
and drowned in your womb...
A naked smile...
your fingers visiting me.
And you were...
the flag of my dreams.
But
when your love rained on me,
then...
then I knew that today
I had touched my dream...

Grant Me Lord

God grant me…
Yes, like other prayers
I start, but I'm not asking
for me… Grant me Lord
that I may teach that soul
without emotions getting in the way.
Grant me that every fragment
of my inner self, of my
sensitivity, my vision, my feelings,
be put to good use through
the gentleness of love.
Grant me Lord, that my words,
Lord my words,
which are a mere bridge
from my innermost sentiments
to the outer world,
will never be sharp spears that could
wound the hunting heart,
instead let my words caress the unseen
and the secrets in those that
perhaps don't know me,
so that they can release their tears
and their fears and
replace them with courage.
Grant me that I may be
your instrument,
so that through me,
pain can be released…
then I'll be
a better person for this.
Oh Lord, please…
Grant me this…

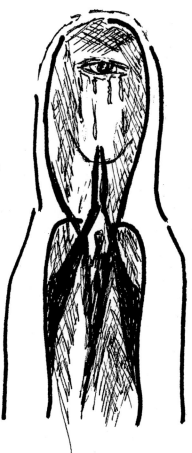

Beached

(Dedicated to our men and women in Kuwait)

Oh creatures beneath the sun
in that beach without an ocean
roasting to the cold fingers of death!
You feel the moisture in the skin
but there's no rain coming.
The mystery of ourselves
won't set you free...
but there you burn
to keep your flag from burning.
Under that sun
your dreams are tanning
fingers fiddling with lives.
Night falls like velvet
with a bitter taste of light...
Such sad notes
musicians never gave.
The winds ooze!...
The heat accelerates
the rhythm of the brain...
You hear a song that reminds you
of a moment you never had.
Worry sits at many tables,
mothers plead and cry
for those at the beach with no ocean.
Daring life...
such young lives!
Clinching to the sand
life passes you by
and you see its disgrace.
You, under a sun,
where patriots are anti-missiles
and the beach has no ocean.
On you, our child size trust
is placed... For you we pray
for God's sake come home,
come home, from Kuwait!!!

Annual Anthology (Florida, USA)

The Blossom

To express my feelings…
To express my feelings
I have no better way:
But forever and a day
Of me you are the blossom.

It was the month of May
Surely its 28th day
Late night, not morn
That the flower was born…
…my blossom…

I hear the flowers whisper!!!
Tell me, don't you mister???
Yes, that's how I felt
The world under my belt
And with me… my blossom.

But the fragrant breeze today
Today it has its way
The rapids still cannot stand
My flower won't understand
She doesn't… my blossom.

Of my evergreen today
A rain song has been made
Yes, flowers bloom
But it's the rain song's tune
That makes them blossom.

And as my winter nears
She'll feel my liquid tears
May be then she'll understand
That jealous I stand
Forever of my blossom

Anthology (Maryland, USA)

Nocturnal Poetry

I feel
the edge
of a thousand daggers
and as a black night
my thoughts.
The air
smells like pain,
loneliness…
The wind
hurts my skin;
the blood
runs crazy
through my veins.
The beautiful things
of my world
hang from
thorns.
In this
labyrinth
of feelings,
the night
rushes.
The color of my
thoughts
drives me crazy.
The leaves of life
fall.
The sky is covered
by spider webs.
My poem
does not sleep,
hurts…
And takes me
to a bankruptcy
of emotions
With Autumn
in my eyes
I dress
with courage.
The tired me
intertwines words,
making
my poetry scream…
And with metaphors…
…I close the night…

Thirst

I thirst... thirst to find
not one who can, but knows
how to love.
My lips thirst...
For whom are your kisses?
I thirst for the kiss
from those enraging lips.
Thirst...thirst...
Thirst to intertwine
your body with mine.
And let the fever of our love
burn us as one.
I thirst to undress my life
in your arms
chaining my trembling flesh to yours.
Thirst...thirst...
And to the rhythm
the heart beats...
Yet for your kiss I still will thirst.
Kiss me, bite me, tease me,
make me love you again,
for I am left with desire to see you,
desperate once more...
Perhaps then I'll be intoxicated
and calm my thirst of you.

Feelings Magazine (Pennsylvania, USA)

Visual Spectrum

The morning spoke to me
with all the voices of anger.
Our rainbow had turned to stone
transforming the sea
into a tumultuous swirl of whitecaps.
In silent sound
a rose felt to the ground,
the crystal thorns
shattered the trust.
Standing
at the edge of the world
I saw plains of eternal snow...
The memory of you
rattled around in my mind
like a dime in a tin cup
causing explosions
in my soul.
My troubles,
like the flight of the butterfly,
suspended in mid air
as life said to me:
"Live me well
and leave no doubt of it..."
Life became
just a handful of seconds
showing me the way to stop hurting.
With a tear from me to you
scrapping the inner self to the core,
I amputated my feelings,
hugging life
with all the life we had shared,
in the longest journey
beyond the visual spectrum.

Anthology (South Florida)

The Ghost of a The Thousand Phantoms

Burning away the midst of time
with a bridle on my tongue,
assaulted by phantoms and crime
I greeted the midnight sun.
There, a beggar leaning on his wounds
picking at the scars on the brain.
A ghost eclipsing the moon
passed laughing at the rain.
The theater was dark,
a bullet proof presentation
that left me with one spark.
You were another illusion of my creation
that I'll release with the new day,
and the ghost of you will forever go away.

The XXII World Congress of Poets Anthology (Rumania)

The Canyon

The canyon...
so overpowering,
so unignorable,
I had to confront it
on my own terms
standing
at the edge of the world,
as I witnessed
a most intimate bonding
of the natural world.
I felt the earth's heart-beat
and mine with hers,
only faster.
I drenched in tears and laughter,
I lifted my voice in prayer
against the sky.
The heart wanting
more than the body...
Obsessed by memory
held my breath tightly
and let go.
The longest day, the solstice
and I sat upon the sands alone.
Without ornamentation
there it was... love.
Sun dipped in the waters
of the river,
its rays tipping the ripples...
my dreams
in paper cups.
A sycamore tree
growing in a crack of the canyon,
lonely
it grew,
to illustrate its magnitude...
A testament of endurance,
of persistence.
Weeds blanket the clinging roots
as the tree stands over it
at night,
caressing it
with its swaying leaves,
as the canyon sleeps...

Empty Nest

The heels of time
have announced
the way…
I can hear you
thinking
that lonesome
sound…
…the kids are gone…
Now in the afternoons
I watch the clouds
with bellies on fire,
as we silently
sip a glass of wine.
You flex the muscles
of your mind
as the years weight
heavy on your flesh.
The phone rings, filling
a vacuum
left by silence…
Halloo…
It's our daughter!!!
The door opens,
in comes our son
and we see, that
angels have left footprints
and we still,
have laughter
to give.

Iota of Love

Ore iota of love
is dying.
We create
a work of art with our love.
Yet,
every ongoing discord
is like an unfinished
work of art and so...
Another iota of love
goes dying.
An iota
that makes up the fragments
of the wholeness in our love.
An iota
that makes our love,
one work of art. That
makes it more vibrant
and every time one dies,
its colors became more subtle.
More subtle with every iota of love
dying.
We both have strong motives.
Strong motives
also make up works of art.
They
inspire the creation,
the magic in the heart
bringing every iota
to life
inviting creation
to share the enchantment.
The exciting
creative challenge of a masterpiece
that requires
every special touch,
every iota,
to capture the full essence
of that magic
that lives in our hearts.
We can't let
one iota of love
go dying.

Let's keep
that intimate understanding of
vibrant colors, that
mysterious power of every iota,
that mysterious beauty of art.
Let's keep
every bit of shimmering color and
keep every iota of love…
from dying.

In Uncharted Waters

In uncharted waters I am.
Yet, I will not fear
for the Lord of all
Seas is with me.
I fear as the human
that I am.
Yet… ALL IS WELL,
for I wait on the Lord.
Not one ruffled feeling
will stay for even
a moment with me.
No matter who frets me,
or what, for I am a channel
into which pours
the Power of God,
the Power of Love.

Refreshing Love

The ocean is the circulatory
system of the earth.
And as the sea, you
capture all my senses.
Like ocean-worn rocks
we are.
Yet like them, our love
refreshingly beautiful.

Music (Today I write for you)

You're like a sad song
caressing the pain,
with bittersweet melody
in the heart.
You sell your soul for free
while sounding a guitar
or clinching a pen.
To my free verse, it is you
who gives melody and soul.
That's why today...
In the midst of my affairs
again, I write for you.
For with the heart quenching pain,
you make of my poem a song.

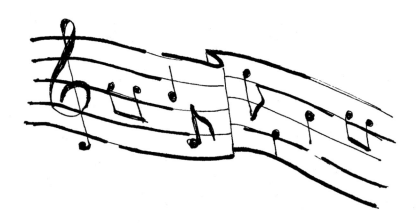

Here Again, Solitude

Here I am again
projecting erotic and poetic feelings,
coming apart at my dreams,
inventing solitude.
Worldly uninterrupted hours
here I am again
in continued search
for greater understanding.
Positively bewitching
gloriously simple!!!
My free spirit flaunts its uniqueness
in a brilliant show of words.
I resist tempting invitations
of playful companions and
here I am again
delightfully capturing the spirit
of beauty,
projecting feelings,
in words…

Teary Day

Rainy days can be so cozy.
Yet sometimes,
they can beat down on you
like raindrops
falling on a rose,
tearing its petals.
It rains, it rains
as I sit here
daring life,
loving in desperation,
and youth passes me by.
Today loneliness
sits at my table,
I watch the raindrops fall
from one leaf to another
and yet another,
each drop picking up the other
and finally falling
on the rose.
Raindrops, raindrops,
they add to my tears
more tears,
tearing us apart...
the rose and I...

Joined Spaces

Create spaces inside you
so you can have the room
to know yourself better.
But please keep a space
for me, for we are like
the sun and the sea.
Immortal lovers of
inspiration
joined in perfect harmony
separated by a distance
only the heart can measure...

Come... Leave the World Behind

The day's work is done.
She welcomes nightfall
taking a passport
to more enthralling time,
where enchanted denizens
of the past accompany her...
Moments that time
cannot dim
moments that bewitch
each time the sun
goes down.
She dares to share
her evening with
these shadowy figures
of time gone by...
Yes, she dares...
trying to smooth out
the rough edges
of her world.
The rain makes it
a more engrossing journey
on this slight
when the wind is howling,
thunder is booming
and all is punctuated
by the sizzling flicker
of lightening.
She enters an ancient
world of romance,
heroics and
hideous trickery,
tempering the pace
of her world
with ageless moments
of time gone by.
Every raindrop
escorts her
through another
corner of an ancient
world, where reality
is an intruder.

She enters a world
tinted by shadows,
a strange world with
fragile lines between
reality and imagination...
where sunlit seas
cleanses the heart.
A vivid world that
bewitches her human
mind and spirit.
Bizarre realms,
of countless hours,
where an old masterpiece,
permanently attached to her heart,
illustrates the mind.
She dares to venture
beyond the mortal world,
where perhaps a scoundrel
fascinates her.
Unfortunate is even
a brief moment of
spell when the old
masterpiece, tucking
her under the wings
of magic, lets loose
those shudder some,
moments of pain.
Nudging her imagination
in another direction...
... BUT...
Soon another night
will fall...
and she'll again escape
to more enthralling days.
Days, that only time
has forgotten...

She

Hers is the horizon
and the song of the birds.
She gives out splendor
and opens fields of love.
She's as soon verse
as prose,
the thorn
or the rose.
Of a virgin a kiss
that leaves the heart
at ease.
She's daybreak
she's dawn,
yesterday, tomorrow
and now.
And when she undresses
the laughter of her years,
she's music, she's happiness.
Of the rainbow
she's the colors,
of the garden
every flower.
Of the guitar
she's the tune.
Yes, she...
my daughter
is SHE...

Let the Silence Teach You

Let the silence teach you
the very essence
of charm and beauty.
Let the silence teach you
about nature.
Let it teach you
how to listen
to the birds singing
and the flapping
of their wings.
The footsteps
of larger animals,
the buzzing of
insects
the cracking branches
and dry leaves
under your feet.
Learn in silence
to smell the rain
and feel the direction
of the wind.
It is truly magical…
and within you,
in silence,
a tranquil scene…

The Poet... The Word

As a poet
it is my job
to continue the search
for the word
the word that is
a perfect match
to what I feel inside.
I do suppose
there are many feelings
inside of me
for which
I will never find
THAT perfect word.
But the sweeter pain
of this precious cargo
will forever be the technique
of that craft I'll continue
to carve, till I encounter
that thrilling literary moment
when the feeling, the word,
the poem and the poet
are fused into one.

Victory is in the Air

Victory is almost there
winning is the key
you can almost taste it
it is meant to be.

The game really begins.
Umpire calls: Strike! Out! Walk!
excitement's in the air
and winning is the talk.

No mercy out on the field
is ON TWO THREE OUT!
Here come the players
so… look out!

Those outfields, the basemen,
the pitcher's on a roll!
The shortstop, everyone,
and the catcher?! Wow!!

Victory is almost there
winning is the key
you can almost taste it
it is meant to be!!

Absence and the Ocean

Standing on the sand,
there, at the edge
of the world.
In front of me,
the future,
the infinite ocean.
Behind me,
the past,
memories,
pain.
I remember,
but it doesn't hurt
any more.
The waves
brake against
the shore,
like my heart
against life.
Around me,
noise,
music,
song.
Singing its secret
the wind,
a flower,
the sun,
fire…
Memories
inside a drop of blood.
Behind a rock
loneliness
speaks to me…
Now,
I can walk alone,
and peace,
has arrived.

Anthology Bohemian Corner /The Cove/Rincón Int'l (USA)

Friendship's Unspoken Promise

If I take a butterfly
and tear it apart
to see what it's made out of,
I'll destroy it and
it'll be no more.
So, I must take it
for what it is
and believe its beauty.
As such, even if
I wish to tear apart
our friendship and you
to see what it's made out of,
I must believe and
take it for what it is.
For just as the brief
life of the butterfly
brings pleasure and
beauty into my life,
so, does your friendship
as you decorate my days
even if briefly some times.
But a certain warmth,
a certain mystique,
remains within the heart

Shipwrecked

Bitter is the wind
by the troubled waters
of this shore…
I'm wrecked,
as I drink
the morning air.
Strangled into a scream,
I wake my soul
to pain,
sailing in a sea
of souls
with lesser depth
than mine.
More than one death
I must die.
But again
my soul will be free
for its home,
is the sea…

The Coming of Dawn Anthology (Maryland, USA)

My Dad

And my dad…
He's losing his hearing,
but he doesn't care
what most people
say, anyway.
He likes to be
alone with himself,
my dad…
May be he's coming
apart at the dreams,
but no one will ever,
ever know it.
And time steals
his time,
as a thief
his fine possessions,
while he lives
his yesterdays
and ponders today…

Violence and Pain

Violence,
pain,
poverty,
hunger.
Territory
of fire and volcanoes.
With the dirt of
your country
you were confused,
crossing your steps
in my path.
Life
didn't fill your cup
with its wine.
Accelerating
your painful life
with broken heart,
you wanted
to break mine.
With sleazy words
and wooden hands
you aimed at my chest
the fire of your violence…
My ocean
turned to a single
drop of salt.
I don't remember your face,
only the violent color
of your eyes.
Nothing touches you
only
the cold.
And I,
there stood,
at the door of time
protected barely
by my fear
at the face
of violence
and pain.

A Memory

The memory of you
has carved its way
into my heart,
and so you will
remain…
    Just a memory…

Flirting with Creation

A mountain
rippled by sand,
rugged and creased
like a face that has lived
crowned by the sun.
A lake
gleaming
in the strong afternoon light
bluer
than the sky…
Overwhelmed…
I contemplated
another creation
in the Master plan.

Anthology Bohemian Corner /The Cove/Rincón Int'l (USA)

Caramel Days

In a tapestry of colors
the night took flight.
The luminous
wings of an angel
trembled
at the sound of my silence.
At the level of my cells
I danced with the years.
Time ran quickly
half right
half wrong.
Charmed
by the possibilities
I fell in love
with love again.

Immortality

I do not seek immortality
as the human mind perceives it
it is my reality
the way the soul achieves it.

It is I who lives it,
immortality of my soul!
It is he who reads it
who hands me goal.

To you my heart I sold
through the labyrinths of my mind.
My poems are like gold
of a very rare kind.

Human mind! My poem's done.
Touch it, long after I'm gone!!

The Rain in my Pen

There
at the bottom of my mind
and the deep pillow of my thoughts,
you gave me the power to die.
My faith in you
was larger than mountains
I could see better blind.
Your companionship
soothed all pain.
Now time without you is so vast.
Without you
loneliness is the heaviest freight.
In this sea of hours
where time weighs so much
I wait. I wait
in quiet dust.
And tonight
when all that can be heard
is the scratching of my pen
I pray. Oh God! Let it rain
let it rain
just enough for hope to tease
and I'll forget all the pain
when kissed by the rain.

Marily A. Reyes (MAR)

The Wake Up Call

A cold, early, winter
morning...
time stood still
in my dreams...
and them,
there it was,
my wake up call,
the sweetest kiss...
my daughter...

Littering the Beach

Littering the beach
with my sorrows,
fragments
of my life
dance on my memory.
In
the dark bowels
of the night
I buy
a ticket to solitude
and find myself
inside eternity.
Smelling a star
I surrender…
Needing to touch
truth
with my bare hands,
I jump
inside my soul
as the muscles
of the Earth
engulf me.
Storms swirl
in every thought
in every footprint,
intoxicated by life!
I need to die
into a new life,
must get out of
the confines
of my mind…
And so, I struggle
on the limbs
of insanity
littering the beach,
with my sorrows

I Write for You

The crisp air
provides inspiration,
the creation
of thought.
And I write.
I write
because when I die
my skull
will be no more,
but my thoughts
will live
forever on paper.
I will hold
the eternal present
for the mind
is the thought,
the feeling.
The brain
is just
the thing...
With applied imagination
I'll evoke powerful
romantic images
of discovery,
of freedom,
of love,
long after I'm gone.
Turning images
into very
real options.
Thoughts of love
will be sprinkled
throughout
and I will go on
sharing myself
with understanding,
with caring,
with you...

"Memory Chest"

To My Friends

"**To my friends I owe the tenderness…**" Words of the beautiful Spanish song, which began the recognition you all, gave me one August night.

I thought of naming each and every one of you; those who spoke, wrote poems, recited, sang, brought things to celebrate, those that came under that torrential downpour soaked and wet, those that called me the next day to say only a storm like that could have kept them from being there, those that sent cards. I wanted to name each one that gave me hugs, kisses, beautiful expressions of love that give me strength to navigate life. But there are so many… and so many are my feelings that limiting them to words would be unfair.

The *"Integrity, Magic and Dedication"* you attribute to me in the beautiful trophy you all gave me, is actually YOURS, for I am only the reflection, **the reflection that together we give of being one nation, one language, one race, one politics, one people, one religion, one love…Art.**

So with the freedom of my own rhythm, I absorbed all you offered that night, and today I ask you to see a different meaning in the word "thank you" when I say to you:

**THANK YOU for giving me
the rays of the sun in each
drop of rain.
For embroidering the lace that
intertwines us.
THANK YOU because together
we make the wind crackle
with laughter, with tears, with love…
THANK YOU…**

Changing Perceptions

To provide a wide spectrum of ways to channel our creative expression, it is my vision, the intermeshing of the arts and of people. Look at the blank sheet of paper and try to leave on it a little bit of who you are. I ask every one to do in their work, even if you think it is a cornerstone of your thoughts. Paint it, write it, act it, sing it, you'll be surprised at the results.

While letting that inner Bohemian loose, we follow a commitment to foster friendship among poets and artists and disseminate poetry and the arts. We are projecting that energy to you as ONE.

Words/art... have the ability to change perceptions...

Around Lifetimes in One Single Life

Here is history as it should be written: We sow the blooming of the Renaissance in Italy and the rise of the Incas in Peru.

We set out for worlds unknown and compared our discoveries.

We had events and ideas that changed people's lives... our lives.

We experienced the drama of our changing years, from art to religion, love to politics.

Combining a wealth of intriguing detail with breathtaking scope and variety that capture all the magic and fascination of our lives together and of those lives that together we touched.

We discovered a unique format that followed intricately human adventure as it unfolded from past lives and across seven continents.

We easily distinguished, pinpointed exactly what was happening and where.

And now you tell me the end of our dynasty could be imminent?

A lifetime in a downfall?

After we have labored to create an art that could live through centuries, you now want to go about the business of living?? That's like a knife that cuts the still-beating heart from a sacrificial victim.

Sure there is have wars, yet the world's still moving.

All our yesterdays have not been battles nor blood offerings. We have differed during various times of our history, yet, transformed the past.

We can carve a new empire...

Restore our Empire to its former glory rather than leave our history itself to lay in shamble

Globalization and Change

Globalization is here and with it, change. Change is good when we put our heart and soul. While putting our heart and soul into what we do, we have encountered windows of opportunities and have seized the moment.

We have put our capacities and dreams together and become partners in an international, cultural project expanding and strengthening our vision. This has been a challenge and we have answered it, we have taken advantage of an opportunity based on trust and good will.

The logistic process is not easy, we are growing and globalizing, rapidly you could say, and the creative side of the brain can occasionally become blurred with strategies of the process and I can feel overwhelmed. In addition to this, I specially like to take care of "home", Miami and our people.

You are the essence and fuel. Without stepping off the edge of the planet give us suggestions, feedback, solutions, that will help the tapestry, of cultures, art and ideas that we are trying to weave.

Many of you are and want to put your hearts and souls into this big dream, our dream that is expanding and strengthening.

We are about creating and sharing and not afraid of unknown dimensions.

Globalizing Brotherhood

In this first article of mine in the new millennium I ask that together we try to make a whole new beginning… and what better opportunity than now? Let's seize the moment.

The artist's plane of consciousness is usually more profound than other individuals and communication deeply meaningful. This brings an obligation attached, we must be greater than the accident of our birthplace or race and we should take upon the responsibility of GLOBALIZING BROTHERHOOD through the arts.

Creative minds have thought the impossible and those things have materialized. At the beginning of the last millennium (1900) we didn't have the communication we have now, but as the century progressed so did the means of communication. The creative mind of Da Vinci visualized man with wings…and we flew and distances became smaller.

Let us be the pioneers of this millennium, the creative minds that dare to dream the impossible. Let's GLOBALIZE THE BROTHERHOOD OF PEOPLE. Let's do away with differences. Let us build a colorful weave of people that belong to one world with the common denominator of the arts.

Come join us and among the many things and many arts, help us continue to go to the schools and talk to our youth to guide their emotions and get them to express it through writing, painting, acting, through the arts.

Let's fuse the adult and the internal child within us with curious, daring, creative minds. We can learn from the elderly to feed our creativity, look into the past and learn how to think the impossible and make it a reality in the future. GLOBALIZE THE BROTHERHOOD OF PEOPLE not letting nationality, race, sex nor age make a difference…Let's all be ONE in the arts.

And as such, I want to welcome the colorful weave of nationalities that dare dream the impossible.

Channeling Emotions
(After 9/11/01)

We invite you to come under the arts blanket and together use writing and art as a healing tool.

I applaud the united response from every one after the September eleventh tragedy.

We all have images that have pierced our hearts. Now, let's pierce the silence and find the pulse of the community and a healing process that is friendly to all. Let's use art as a healing tool, seeking ways to reinvent and reflect excellence and diversity with passion for the arts.

We want to work with the public and nurture experimentation. Must stop the pain and consequences many feel from running around in our brains. Through art/writing, stress will not disappear overnight, but it will eventually fade. This approach holds true, not only for this recent tragedy but also in every aspect of life.

Let us write and turn to the arts to channel emotions.

Together we have proven not to be afraid of unknown dimensions and together, under the same blanket, we will heal and help heal.

May this Christmas bring PEACE to us all.

The Granite Mass

Do you know in what state, east of Mississippi, is the largest exposed mass of granite found? The state of Georgia is the home of The Stone Mountain. It is about a half-hour drive east of Atlanta. It stands 825 feet tall and 1,686 feet above sea level. The granite is about 290 million years old. This gray monolith, known as Stone Mountain, stands pretty much alone, as far as mountains go in that immediate area, but at one time it was beneath the surface, deeply buried.

The oval-shaped mass of rock is only the tip of a much larger one. It was a pocket of molten magma forcing its way up from under the earth that formed this mountain. The magma vanished into the Appalachian Mountains, never reaching the surface. But it took about 100 million years for this mountain to solidify, and today there is still erosion of rocks at its base. Therefore, eventually, Stone Mountain will rise even higher than what it is today.

Spaniards on an expedition are believed to have been the very first Europeans to have seen Stone Mountain. The expedition, led by a captain by the name of Juan Pardo in 1567, reported a mountain that sparkled like crystal – these of course were the quartz crystals of the granite mountain. But the Creek Indians did not let Pardo and his expedition get too close.

In 1920, Gutzon Borglum, commissioned by the state, started a carving on the north face of the rock. This sculpture is a memorial to the Confederacy with carvings of the mounted figures of President Jefferson Davis and Generals Robert E. Lee, and Stonewall Jackson. This carving is 90 feet high and 190 feet wide, and it took nearly 50 years before it was completed in 1970, for it was worked on only now and then, by different sculptors. This carving is such that a banquet was held on the shoulder of one of its figures after its completion.

And this immense carving is considered one of the largest pieces of sculptural art in the world. Despite the size of this pieces of art, it has great details, such as finger creases, strands of hair, harness buckles and other fine details.

This Stone Mountain has its Stone Mountain Park with 3,200 acres. It is a different world of education, recreation, and entertainment. Here you can find camping facilities as well as an Inn where you can stay to spend some time with the past as you visit the Antebellum plantation, a collection of buildings that represent a plantation in Georgia before the Civil War. Here you'll see the Overseers House, the Smoke House, Slave Cabins, barn, and more.

You can go for a ride on the General, The Stone Mountain Scenic Railroad. And while riding you'll be given some historical facts such as where and in what famous public buildings you can find the granite from this mountain.

There is an auto and music museum where you can see anything from a 1904 automobile, to an old jukebox or a carousel. Going into the Confederate Hall one can appreciate up close the uniforms, weapons, and such, used by the Confederate Army. Or you can take a walk through the covered bridge, which was commonly used in the Eastern U.S. during the nineteenth century. Another authentic structure is the gristmill, where you'll enjoy another rustic setting.

The wildlife trail is very entertaining with all the different animals, not to mention the Carillon with its 732 bells, the bells of Stone Mountain, which you can hear from the middle of nowhere.

In winter you might even enjoy some ice skating in their facilities, or maybe take the Swiss sky lift to the top of the mountain where there is an observation tower, or be venturous and take a hike up a steep 1½ mile trail through the mountain's granite slopes, where you find practically no vegetation except for some scattered trees, lichens and mosses. Or take a river cruise on a stern-wheeler.

Whether it is history, geography or plain old fun, you'll find it here, next to this granite mass.

The Mysterious Soul of the Arts

As the pace and intensity of life continues to increase we, can have the best edge, the advantage of unity. We must be versatile with potential to impact, both the thinking mind and the feeling heart.

We come from a wide spectrum of life, and must try to work with, not against each other.

With strong commitment, and strategies together we can aim for the best possible execution.

Though an avalanche of reality tries to crush us at times, we surely know where to take refuge as we find a bay window to heaven in unity.

There's a certain uncertainty in the air, but we as ONE will overcome it.

So... come join us and be part of the beautiful and mysterious soul of the world of art, as it winds through life on the wings of poetry.

Anchored on respect, we'll succeed.

Contaminating

As artist we try to contribute and give of all our cultures so that from this space we occupy, together we can help change things a little bit.

We can alleviate so much if we " contaminate" others
with positive things not negative.

We must want and try to offer a place where our most intimate ideals, dreams, pain, happiness and needs could be expressed and shared through the arts, be it poetry, theater, music, dance, or any form of art.

Join us and together we will help change the conditions that take individuals to turn to negativism, let's use energy in a positive manner, let it filter through the art

In our diversity let's demonstrate solidarity, uniting nationalities and the arts in ONE energy …TOGETHER let's go hand in hand.

"Love is the expediter of dreams."

Ocean in Stagnation?

Come... Come to the most exotic corners of the deep, take a rare glimpse of life and come face to face with untamed animals struggling to survive in their natural habitat.

Can natural habitat be called stagnation?

Why don't you take the time to marvel at how nature's laws keep life in delicate balance?

Look at how even the shy and elusive animals can signal danger.

The sea can provide, at its dullest moments, a welcome asylum for many creatures. But one can also find how the scarlet slate pencil urchin uses its poisonous blunt clubs as a prickly defense against predators.

Perhaps then you'll come face to face with the inhabitants of an untamed world and can have a keener understanding of how there is no ocean in stagnation.

Explore the treasures of its natural world, dare touch the emerald green sea bottom.

Celebrate an spectacle of nature. Experience the drama and excitement of the ocean. Learn to distinguish details, looking for significant behavior traits that verify the identity of creatures...

For only then you'll realize how ludicrous is to believe there's an ocean in stagnation... for it is in the ocean that YOU... are just a visitor... and nature reigns supreme...

Commitment and Passion

Once again, I welcome a colorful weave of nationalities.

We come powerfully together, creating electricity and provoking creativity, perhaps not in the most sophisticated way or approach, but with the right gut feeling, testing the limits with an innovative, brainstorming process that finds true balance as we explore the contrasts of our lively cultures and the inimitable glamour of our very souls.

Follow your heart down the passageways of our diversity and feel the change into our delirious environment.

In a nutshell, this is who I am. My commitment and passion is such, that I hope it demands that you get involved too.

Graduation Day

(To My Son)

Graduation day is like a moment of stillness when your life is silhouetted against the ground as a timeless symbol of eternal life.

You, like a bird, as it arches its wings towards its future, will soar through the heavens in royal domain.

May you then be infused with the spirit of love, for time waits for no one. And just as flowers are a product of rain, also rainbows are the highlights of rainy day.

Dwell not on the rain, but perfectly capture in yourself the rainbow that today you leave behind. For despite the storms, it is still one beautiful sight. Its many colors will bring new dimensions to your flight and Graduation Day will wrap itself around you like a blanket and forever adorn your life.

Pulverizing Frontiers

From a distance, from a strange dimension, the clock is watching me and drops of sweat run down my forehead…I must write an article and the 48 hours I have added to my day are not enough.

As writers we leave part of our legacy in the pages of our lives…We are a collection of feelings traveling the path of culture, of the arts, discovering and evolving our own experiences with life.

You will read about our accomplishments, so I will not go into details here. You will read about our romance with the pen, the pencil, the brush, and you'll "see" how they have photographed life when no one was looking, how as angels, they have left prints on paper for you to enjoy.

Through this cultural path we can encounter the satisfaction of being recognized in our personal evolution, but always remember: "Do not let nationality, race, sex, nor age make a difference. Let's all be one in the arts."

God gives us the tools to grow and allows us the sensibility to see even how sensual a sunset can be. But if we loose communication and cannot translate the inner feelings into words, we begin to loose our inner self. This is why those of us that are a vital part of this big family in the arts bring down the thoughts from the depth of our souls into that vast map of life, trying to be a pulverizer of frontiers.

The Enchantment of Nature

(For youngsters)

The had spent a great of his ninth summer reading about the area where, with his family, he was going on vacation, come August.

Beautiful, gigantic waterfalls would make a magnificent display, dwarfing the nearby vegetation and the day for this trip was here.

After traveling 800 miles north, eyes fixed on the ridges cloudy blue, Ike, with his parents and sister, arrived at his destination. "Cheez people, let's go", Ike said nervously. "I can't wait to go hiking. Man, I've never seen a waterfall!"

"Son, I just spoke to one of the rangers" said Ike's father "and he tells me they're having a tremendous drought and things are kind of dry around here at this time of year."

"O.K. daddy, we'll take extra water in our canteens" Ike said "but let's go, I'm dying to go, man!"

They started the walk through a forest of wild ferns and mountain laurels, taking the trail that climbed the rock formation, leading to one waterfall and down the river.

As the four continued into the forest, the surroundings became increasingly dry. A bone-dry wilderness of huge boulders stood before their eyes:

"Daddy, where are my waterfalls?" Ike said, baffled.

All Ike did was stare towards the stream that SUPPOSEDLY flowed over a wide, curved ledge of rock and fell into a beautiful round pool. Ike had only one thing in mind, his waterfalls and was determined to find some.

"I'm gonna find me a waterfall. There's got to be at least one around here." Ike mumbled to himself, while pulling Julie by the bottom edge of her florescent T-shirt and signaling her with his pointing finger to come with him.

They take off on their own, but before Julie realized it, her brother Ike was not there. He had wondered off deep into the woods and was nowhere in sight. As she heads back to her parents, she tripped over a rock and ripped her shirt, leaving a piece on the thorns of a bush.

Meanwhile, Ike was frantically searching for a waterfall when he heard a long, loud hoot. He jumped sky high and it was then he realized he was lost in the immensity of the forest. His remote natural paradise was about to become a nightmare.

All kinds of different birds burst from the foliage as Ike began to stop and run over dry leaves. Ike's hair went up like needles. The intriguing creatures that inhabited the area became a big worry for him. It was a cold and shadowy world filled with intriguing and engaging details that were difficult to face.

After a while of inner battle, running and tripping, a penetrating new feeling took over. Ike was tired, sleepy almost, the rumbling sounds coming from his stomach made him stop by some bushes he recognized. He and his sister have had some of the little dark balls hanging from the branches. "These are blackberries!" said Ike. "Dad gave Julie and me some the other day, and I'm so hungry!" He quietly popped them in his mouth keeping a hand full while he continued walking with tired steps.

Ike was taking a rare glimpse of nature, nothing quite like what he had anticipated. Now he faced the struggle to survive and how nature's law kept life in the wild. He was experiencing the drama of nature, from wild flowers to untamed animals. Nature keeps its balance, but where did he fit in?

The sunlight filtering through the towering trees became weak, Ike's forehead was wet with worry. He heard the sound of water. Running towards the sound he saw the river and remembered his dad's words. "Rivers flow by gravity from an upland source. People usually settle by the river to use the water and its power. If you're ever lost, fallow down the river, you'll find people."

That was what dad told me, he thought. But we're camping on top of the mountain and it was kind of dry too. We were coming down the river when we split, so maybe I should follow the river up to find the camp. I better hurry man, before I know it it's gonna be dark. "Oh, God please no" Ike said.

Anxiously, Ike started the trail upriver, finding a piece of green material hanging from a thorn and said: "It's a piece torn from Julie's T-shirt. Who else would wear florescent green like this one?"

He was in the right track, now climbing the rock formation that led back to camp.

As Ike made his way through the mountain laurels he reached camp. "Mom, Dad…" he sobbed.

"Thank God you're all right, son!" said Dad, as Mom speechless, held the boy tight against her and Julie cried.

"Shall we continue the hike tomorrow?" said father picking up Ike. "Cautiously this time."

"Dad" said Ike with trembling smile and cunning look. "I think I had the last of the wild for a while."

In laughter and tears, the foursome walked away.

Fire and Love... Is the Battle Plan

The year ends, and with it the first year of a new millennium. Not everything ends, with every end there's a new beginning and with borrowed voice, integrity and the essence of our soul we greet the gift of today. There's wine and song for the picnic of the year "Christmas". Let's celebrate sending a messenger from our soul to others wishing many blessings to all.

Our fuel is precisely greater than the accident of our birth or race, we're all fused into ONE through the arts leaving our legacy in this phenomenal world.

Our work requires personal sacrifice assuming the responsibility, celebrating a creativity that interprets the diversity between the lines of our path. We do not buy choices nor conscience, fire and love is our plan for battle in this great family of the arts.

We climb at our own pace and as result of our efforts we are growing rapidly and steadily.

Here I am, hiring images to work for me to put across in words what we must stands for. We cannot loose sight of what is genuinely valuable and important, the human contact with the challenge of our artistic minds. Wherever we are from is forever written in our hearts and you all, without knowing it, have implanted in me a love for the places you have come from. Your culture and expressions have ploughed deep in my heart where the seed of love and understanding grows and day to day irrigates with knowledge and familiarity what at first seemed strange but later we embrace, or it embraces us, as something very much our own. This is who I am.

Ambitious Goals

I won't let the insecurity of change paralyze me. The more fear I feel the harder I work. If I want more, if I want to be innovative, I have to take charge. I dare to be different.

After a comprehensive overview, I work on strategy to really understand the dynamics of   events and aim to the particular interests and harmonization.

I have ambitious goals, but I am always ambitious in my endeavors and the more I fear, the harder I work.

Movies, books, songs, everything that deals with love have a long shelf life.

What I try to do is based on love and thus will have a long shelf life, as well.

"There is a communion of soul and mind that seeps into your day when you have mastered the art of being alone."

A December Editorial

We are a vibrant organization that shines with its own light and contributes to culture sip by sip with tremendous determination. Nothing can stop us.

Loyal members of the Board and of the organization, everyone together, has part of the credit and achievements of this organization.

The Cove/Rincón is not for everyone, I have always said it; we don't want quantity, we want quality and heart and that is been proven each day in this great family of The Cove/Rincón.

Another year-ends and I want to congratulate the entire Board of Directors for the tremendous work they have done this year and we will welcome the new ones to come.

May the Holy Child, in this wonderful month of December, when we celebrate His birth, fill you with blessings and allow us to continue with our work. And even if sometimes our inner child sleeps with scribbles in his dreams, we must tame the dragons. And if we are only a little sip of the coffee, it doesn't matter, each step counts and we will conquer. Even if we are not discovered and no one can paint us, let's have painted in our brain and heart that little sip... Have a blessed Christmas

Nostalgia

There is a place that stands in time and comes alive every Silvery December night. It comes alive to many who abandon themselves to a heavy head, flat cheeks and rearranged mouth between a pair of hands. It is an invitation to share the enchantment with special touches of imagination.

A towering scotch pine, like a giant, spreads its branches and colors the world with the smell of Christmas. These branches wear "jewels," gleaming decorations and they are topped by a five- pointed star, high up by the frosty clouds, as if wanting to touch the face of the moon.

There is a quite sharp, clear, cool, familiar smell, interrupted only by the burning and cracking wood.

Tiny bright lights, like sunsets with different fiery colors are imbuing the tree with life.

A shower of starts wraps a tinkle of melody from distant bells, while a river of light illuminates the lively village under the tree.

All of Bethlehem seems to be floating above the tiny roads that wend their way between the miniature houses and barns on the snowy cotton beneath the tree. There are people figures, tinier than buildings, every one of them is aimed toward the dazzling star-shaped light lit to the north of them.

Silhouettes of glittering ornaments dance to the music of the cutting wind in the streets of yesteryears...

There is a lopsided little church that stands discreetly on a hillside as if waiting for something. Sheep are all heading in the same direction, while an old shepherd watches over the flock.

The glow of Christmas shows the way. Village carolers are everywhere! They regale everyone with Christmas carol....

"Noel, Noel...."

Little ducklings roam around the frozen lake that is surrounded by evergreens. The look of peace engulfs the air. A man in red furs with rosy cheeks and a beard white as snow, hollers... "Ho! Ho! Ho! And dashes through, in a miniature sleight, filled with toys, pulled by flying reindeers. A wink of the eye and he keeps traveling on...

From afar come three Wise Men, bearing riches and gifts, who follow a marvelous light.

Everyone is heading towards a stable where there is a manger. It is filled with hay and embeds an infant, an infant of sparkling eyes, rosy lips and dainty fingertips, whose splendor lights up the night as day and adorns every soul with grace.

The world seems still, the heavens undisturbed give off a radiant light. And the stars themselves seem to have come down to earth and sprinkle one and all with universal feeling.

The magic of Christmas stands time outside of time, its golden mist takes the heart to a nostalgic place, a place in time, every silvery December, when there seems to be more to life, even beneath a Christmas tree.

Dead Poet's Society...a film for thinkers

Did I enjoy it? No, I lived it. To say I merely enjoyed it would do no justice to such magnificent intellectual accomplishment.

It is the artistic community-the poets and artists-who seek the marrow of the life, as Thoreau put it, as we were reminded in the super movie Dead Poet's Society.

Perhaps it is the poet who chooses the "less-traveled road." Perhaps Indiana Jones, Star Trek and Batman are the monsters, the backbone, bat please, how about the marrow, the true substance Dead Poet's Society.

Artist dare not be clones, but thinkers, even if they are looked upon as weirdoes.

But isn't it the artist's work that one remembers, the one thing to give a bit of immortality? If society allowed more thinkers rather than clones, there would be less drugs, less dying in general because integrity and self-realization would Seize The Day.

Yes, I agree with the professors, and my congratulations wholeheartedly to them and to all who dare to step to the beat of different drummer.

This film does not stand-alone. If nothing more, the dead poets themselves are one fantastic company. This film has brought me the most inner exhilaration in a while and confidence in our thinkers.

Kendall Gazette (Miami, Fl. USA)

In a Winter Postcard World

The soul yearns its release; there is a smell of poetry, of yester years. The fresh morning tickles my nose, and snow, like a poetic formula, unleashes my soul...

There I was, still lying in bed and like a flight of birds on my pillow, the thoughts ran through. Climbing at my own pace I hung from snowflakes, keeping enough edge for my sanity I let every drop of snow, like borrowed voices, get me into a dialogue with existence. I jumped inside my soul hiring images to work for me in this pilgrimage of the soul I was about to take.

Forgetting my years and the winters in them, I regained sight of what's valuable, for only God has full knowledge of who we are and to Him I opened the landscapes of my soul. There, where fantasies can find us, with dreams too close to our bones in the pages of this world, I allowed myself to smell the aromas of life and with an almost tangible feeling I went into the journey, not the destination.

Snowflakes in my mind sharpened my spirit, and like a human punctuation mark came a smile. Blurring reality, the shadow of the self turned a light inside me. Hopes, struggles and dreams knocking from inside me, my looking for words, it was all like an unwritten poem and I realized there's wine and song in the meadows of life if we can find the messenger between the heart and the soul.

Leaping into my mind, swirling in every thought, I tasted a sip of my soul and from every petal in the autumn of my life, I realized that there is not enough space in a prayer to thank God for all He gives us, in spite of the unexpected ways in which life brings us change with its dark side.

Hours passed, I saw angels leaving footprints in the snow. I realized still have laughter to give.

I heard the easy of the afternoon open and clouds with belies on fire braking through. In the secret web of life danced my memories and beyond the cup of tea I was sipping, went the collection of moments I had quilted.

Meticulously expressing in new ways the wonders of life, I personally discovered, words have the ability to change perceptions. Looking at the snow with its poetic formula, I was feeling as if inside a beautiful postcard and I thanked God for the privilege of being a writer, giving voice to pieces of silence, my silence, even when confronted by the great abyss of a blank page.

Cards on the Table

(For a basic game of hearts)

The cards compete for space as we put them on the table in this basic game of hearts.

Some of the low cards are removed from the pack, so we each are dealt the same number of cards… It's all in the knowing how to play this basic game of hearts.

Each heart counts as one though we play as if many, but the scoring table reflects the advantages and disadvantages of being vulnerable.

For centuries decks of cards have told stories. Playing cards have pictured defeat and glory.

The charm unfolds slowly… In shadows we deny the truth.

And gravity keeps us rooted to the ground, while hearts compete for space as we put the cards on the table, in this basic game of life…

"The hungry teeth of time keeps us apart. Make it a point to give some to your friends."

Exploring What We Hold Dear ...our inner selves and our travels

Through our travel we gain quite a unique insight about people. I always try to travel with an open mind and heart. Traveling does bring people together, if we let it. Filling up a backpack of knowledge about the country, before and during the trip, is always a good idea.

Dialog opens among people when one travels and, seeing the country as a native is always best. I personally like to believe I'm a citizen of the world during my travels. Trusting our instincts and trying to be prepared for the unexpected, opens doors for us to get the best education as we travel through the university of the world.

Other cultures, diversity, these are things that enrich our lives and expand our horizons. I like to bring with me a peaceful friendship, avoiding a political or religious climate. My strategy is trying never to touch these two things that separate rather than unite. The more you get out there, the more you will respect and understand others and will get the same in return.

One should be attired comfortably for travel...inside and out. And remember, we learn from the good and the awful things in life.

I salute those with true efforts to keep the peace and promote diversity, but immensely dislike those that hide behind the word "peace" yet do not know its concept and inside they are warriors.

With actions we demonstrate our capacity, intellect and good will, as well as the caliber of individuals we truly are and the truth that goes pulsating through our veins.

Peace is not a destination, but a journey we all must travel in order to arrive to it.

We Might Think Small but Live Large

November 11, 2003... we started our trip in Chile with the palpable sense of life dreams before us. As a group of us participated, we met people that pursue their own creative vision, people that might think small, but live large making the event turn out to be beautiful as they are and proving the fact that poetry is nothing small.

It was an amazingly diverse group who hailed from all walks of life with a common denominator... they were writers, they were poets...

The elements of the unforeseen and the reasons to thank them all for the memories are nearly endless.

Chile, its people, many have helped us learn more about what's happening, not only in our literary world, but in their country, their culture...

...The siren of the police, the Mayor, the Governor, an Armed Forces ship heading the ceremony of the launching of bottles, with poems inside, to the ocean, followed by the boat with us poets, anxiously holding the bottles, a fleet of sixteen fishing boats screaming "hail to the poets"...not often do we cry out of happiness...trust me...we did...

Then...we traveled to Buenos Aires, Argentina, to taste yet another slice of life also blanketed with warmth.

There, at the Sociedad Argentina de Escritores (Argentinean Society of Writers), we had people that traveled from places as far as Los Toldos, Rosario, Córdoba, different parts of Buenos Aires, etc., to meet with as. Again, there were poets, writers and this time there were also visual artists.

We finally made it to Argentina! A dream I have had for a while. Dreams die hard and even after they have turned to dust we can hold them in our hand. And as such I bring our days in Argentina as well.

All the poets, the writers, the visual artists...they all have gained my respect and admiration. And as they all bid us farewell with notes of support and well wishes, I felt proud to call them all...my colleagues.

Memory Chest

(Baúl de los Recuerdos)

It is a Saturday morning in the month of October. Irma, a black haired, dark eyed lady, with maybe four decades on her, has visions of the past. Upon her arising, the labyrinths of the mind take her to a past very alive. She sets off to clean her attic, where she is sure to come across photo albums and all sorts of memorabilia. As she is in the middle of her task, her two children pop right in wanting to see, touch, and know everything.

"Sunday", Irma promises the children, "Sunday will be story telling day and then you will SEE".

Sunday comes, and over a cup of steaming coffee, this lady embarks on a journey through time. Packing her heart , the necessary luggage, for this type of journey. The children come into the room and she knows it is time to reenact her own historic events. So over another cup of not so steaming coffee, Irma starts her re-enactment to the children, transforming her breakfast room atmosphere into a slice of the past.

"Children", she says, "as promised, today I will open my BAUL DE LOS RECUERDOS (MEMORY CHEST) and tell you my own experience of our Spanish-American pathways, and in a while we'll go into the attic and turn it all loose, how's that?"

The children are thrilled. Irma is obviously in command and has their undivided attention. Irma visits in her mind her country, her hometown and briefly tells the children about it, and how she lived there and what she left behind. Things, the children tell her, grandma and grandpa had told them about. They want to know more, much more.

"O.K." she says. "I left my country with my mom and my two sisters, my dad was already here, trying to get at least some things set up for when we would get here. But when I got here, everything was so different. I spoke only Spanish, school was a nightmare, I cried myself to sleep every single night. The food was different, the "COSTUMBRES." And like this, my life in America starts." Irma's feelings are written all over her. Her body language gives her away, as she sits back on the rocking chair and looks up into space while the still young face shows some mark of the years with a somewhat sad, yet free smile. At this point one could hear a pin drop. The intensity is taking over the hearts and minds of the children.

"We lived" she proceeds, "by the riverwalk. The riverside, then. What you now know as Little Havana, with the aroma of cigar and coffee all over, was then full of Southerners and Jewish Northerners who spoke no Spanish and we spoke no English at the time. For some, this was cute and they tried to help us the best way they could, pointing and laughing. Others didn't see it so amusing."

"It was very confusing for me, at a very young age. There were political and economic conversations and arguments I knew nothing about. Inner pain would creep up on me.

But as a child, and lucky to have my family, immediate family that is, we tried hard to keep the enthusiasm high throughout our lives."

"What you ate, mami?" The youngest boy asked

"Goloso" (applied to a person very fond of dainties). "You are always the same", say the women to her boy.

"We tried to stick to traditional foods from our country, but there were not many available. It was later on with the years and with our continued effort that we started to have them here. We looked forward to reaching out for many years and we all touched lives of many people in the community. I'm just giving you a broad view of our experience. Explore our culture and many other Hispanic cultures and you'll see that the many cultures are what decorates the American life. This country is the skeleton, the flesh is the many cultures greatly Hispanic.

You know the ethnic and cultural groups here are, of course, the Anglos, Cuban, Venezuelan, Argentinean, Dominican, Mexican, Puerto Rican, Italian, Miccosukee, Colombian, Guatemalan, Peruvian, Paraguayan, Spanish, Uruguayan and more Now tell me if that isn't Hispanic influence."

"Go back to the times of the Spanish Galleons, the explorers, conquistadores. Look into Florida history, St. Augustine, for example with Ponce de León and others. Kids, we can examine the lives, the heritage, and the ever changing world around us, documenting and enhancing our lives with oral history and pictures like this one" says Irma, showing the children a picture of her grandfather who had fought for the freedom in their country.

"There are historical preservation, historical background, museums filled with ethnic and regional craft, folk art, jewelry. We should try telling in the museums and now there are many cultural affairs of Hispanic backgrounds, book fairs, poetry recitals, theater. And how about the music influence? Take Gloria Estefan, for example, and musician and actor, Desi Arnaz, and many more. Many things were brought by us, for example." She pulls out a doll. Clearly one of those from the 50's, while the children follow her into the attic, listening to all she has to say, and with very attentive eyes not wanting to miss a thing.

"We Hispanics are very sentimental. We brought toys, snap shots" and she opens a photo album of black pages filled with black and white pictures with waive edges and sort of small.

"We even brought bottles. Here's a very old bottle, a Coca Cola bottle, not COKE as now, with a taste of there but from here... and memorabilia, zillions of memorabilia."

Carefully, Irma brings out of the chest a hand embroidered tablecloth made by "abuela", her grandma. "Memorabilia in general" she says, "trying to hang on. And now many like these are part of the Unites States in historical museums".

"Gotta tell you guys," Irma says, trying to recuperate a bit from her own emotions. "Many areas started to burst with rich cultural resources of a multiethnic population and a Hispanic heritage going strong."

"Mom," says Robert, the eldest. "How come we take Spanish in school now?"

"Well son", says Irma. "In some parts of the U.S. now, Spanish is offered in the schools an "Español" for Spanish speaking students."

"Mami, and if grandpa didn't know English, how could he work and get money?" ask the inquisitive boy.

"You see, son" says the woman smiling, "Grandpa spoke English, but many Spanish- speaking people that didn't, or don't for that matter, also worked hard and made a good effort to get ahead. Hispanic people are a working race and many Hispanics are heads of big corporations, or professors, musicians, businessmen, you name it, all walks of life, and if one didn't speak English, he will push the son or daughter to get ahead. This is part of our Hispanic experience in this country."

"Mami, mami", interrupts the little one, who adores grandpa.

"What did grandpa wear?"

Hispanic people are very close when it comes to family, even those already born here, it is something that bubbles up in the blood.

"Oh my boy!" says mami with feelings. "Grandpa would fling his SOMBRERO (hat) on the couch and stand tall in his white GUAYABERA (white traditional pleated shirts, worn outside the pants) and say: "Where's my CAFÉ?" Then sat on his chair, puffing away on his cigar and called me to sit on his lap to ask me about my day. And somehow, I'd always step on his shiny black shoes."

"Was English very hard for you, mom?" the boys ask wondering. "You said you used to cry because you didn't speak it".

"Hard is not the word, guys. Terrible, horrible is more like it. When I entered school, I spoke only Spanish, not like you who entered speaking both, English and Spanish. Spanish is my first language, it's the language at my mother's house and generations before. As with you, English dominates the sounds. Even my prayers I had learned in Spanish, even nowadays at church, I'll switch from English to Spanish in the same prayer. Many of us have developed a new LANGUAGE if you want to call it so, it is called Spanglish. Ever heard of it?

"Yeah mom. CLARO, I've heard it! ¿QUIÉN NO?" say Robert, using Spanglish himself.

"Hey you just showed your roots, son. Hang on to them and be proud."

For a split second she reminisces on a life so distant, yet just a memory away. And standing up, she turns to the attentive children and says: "Well guys, *EL BAUL DE LOS RECUERDOS is closed for the day, but please remember, AS THE UNIVERSE IS MADE UP OF GALAXIES, U.S. IS MADE UP OF MANY OF THE COUNTRIES IN THE WORLD, GREATLY HISPANIC; AND TODAY, MY CHILDREN, I HAND DOWN TO YOU OUR HISPANIC EXPERIENCE, A GALAXY THAT IS PART OF THIS VAST UNIVERSE."*

Piracy of Sentiments

I had barely died when someone asked:
Why have YOU passed away? My eyes were not destined. I answered.
Destined to what? I was asked.
Destined to see apart de sand from the ocean. I said.
You're insane! They reproached. Or perhaps too sensible.
Don't know that... I only know I couldn't have my eyes sawn together. I can't, I can't. I repeated. Couldn't go into life through the sun's window. My childhood was over. I was blinded!

The sand and the ocean parted.

The saltpeter was squeezed from my waters... and I passed away.

If you could not see how did you know the sand was far from the ocean? Was the maximum question.

Because I knew a time of no lies. A time that is now mockery, ridicule... Because the waves were poems that with sweet words caressed the sand. And because the feared ocean had been silenced... I know...

As if a breath of superior air had been taken, one could hear silence... And a bit of humid saltpeter rolled down the cheeks of the world.

Always Evolving

The thoughts in my head already tired, ask the phantom of my shadow for help. The work has been much, we're growing very rapidly and at time I have to bite my soul until it bleeds.

Several tasks are finally done, I now need to re-charge my batteries to start all over again weaving body, mind and soul.

I always try to tie together bridges between the physical and the spiritual using the arts as a universal pull on the human heart. This is why I venture into all these events, which at the same time that it is therapy, it's also soul work.

Fear, happiness, obstacles are confronted. We're always evolving as we immerse into each other's cultures on our own, or with a guided tour and we admire as we learn…to co-exist.

So... Call Me a Dreamer!

The world we want to live in, we have to build, and then we can live in it.

Once again we are here, trying to seize a world of possibilities with our cross-cultural connection, our so many nationalities and the cultural pride we are fostering.

Variety makes us strong, diversity gives us real culture. Together we can grow as individuals appreciating our differences in this world that seems to be undoing itself at the seams.

The opportunity to be diverse is presented to us and we must dive right in. As for me, being Cuban born, I pack my "guayabera" and head for the deep. So, they can call me "dreamer", well, some labels are worth having. Let's pave our own road.!

My Heart Is a Hunter

(Reflections)

The kids are grown, they are out of the house, out of our home and into theirs.

Money wise my husband and I are more comfortable now; but you know what? I would give back the new furniture, all those things we can now afford just to have the kids back home again, so I can go at night to their bedrooms, while they are sleeping, kiss them and give them my blessing.

I would give everything up to again go in the mornings and wake them up with a kiss and feel their warm face against mine and look into their sleepy eyes, eyes that are my morning sun.

Time flies and waits for no one. My heart is a hunter, my heart hunts for love and there is no greater love than the one I feel for my kids, no matter how old they are.

Yes, my heart is a hunter and it will hunt for their love wherever they go.

REFLEXIONES II

Maríly A Reyes
(MAR)

Narrativa, Poesía y
Fragmentos de Editorial

ISBN # 1-931481-37-7

Ilustraciones: Gabriel A. Zubiat
Entrada de datos y correcciones: Vilma E. Muises
Fotos y foto fondo de cubierta: Maríly A. Reyes
Foto de la autora: Jesús Hernández
Diseño: Augusto Etchenausse

Impreso en Mercury Productions, Inc.

2004

Dedicatoria

Las palabras tienen la habilidad de cambiar percepciones y hoy,
entre alas de mariposas revoloteando en el crepúsculo,
dedico, agradecida a Dios, este libro
a mi familia y a todo aquel que pueda,
a través de mi pluma,
beber un buchito
de mi alma.

Indice

Prólogo

Mis padres escogieron darme un nombre no común, MARILY, pero a su ves eso me simplifica el tener que estar usando apellidos ya que difícilmente se encuentra a alguien que lleve mi nombre. Igual me atrae el mar y su profundidad, he ahí el uso frecuente de mis iniciales, MAR. Y claro, si se pone al revés, RAM, representa en inglés el signo de Aries, nací en abril.

Siendo algo rebelde, no quería un prólogo tradicional en mi libro, más bien preferí "breves" comentarios de algunas personas. Yo tiendo a hacer las cosas, relativamente diferente a los demás, por lo tanto mi libro tenía que ser un tanto diferente.

Hoy, jugueteando entre las letras de mis poemas, mis narrativas y fragmentos de mis editoriales, dejo mi legado y la importancia de ser "MAR".

Maríly (MAR)

MAR libertad en la que reposa tu alma y el tiempo que va ocupando cada espacio de tu vida, son en tu transitar el timón que materializados bañan tus vivencias y a su vez, a través de agujas punzantes hieren o acarician tu corazón en el deambular de tu historia, donde las canas y el polvo de las nostalgias unen los límites infinitos del pasado y el presente, allí donde el cielo y el MAR se tocan. MAR tu eres la mezcla del ángel y lo humano con que honras la vida y nos regalas el don de la esperanza con tu lucha que ha conquistado los espacios de todos los tiempos a través de tu vuelo puro y bello que te convierte en el puente que une los misterios de la humanidad, porque tu eres el tiempo eterno, salpicado por las gotas de ese amor que dejaste desangrar desde tu juventud perdiéndote en el horizonte de los otros.

Mar, realmente tu obra es fantástica, de alto nivel literario arrasando los bajos niveles a los que actualmente nos quieren acostumbrar los mediocres, te felicito y hoy mi tarde, leyendo tu obra completa, fue un exquisito placer del que hace mucho tiempo no gozaba, gracias por permitirme ser parte de esa obra de arte que es tu libro.

Celia Pecini
Critica, Jurado, Artista Plástica (Argentina)

Mujer, madre, cubana, latinoamericana, ciudadana del mundo que observa y anota el universo que la rodea y el de su interior. Añora ser pintora aunque se declara rotundamente poeta. She travels from the language of her roots – español – to English, where she has blossomed. She knows she is special. Y asume con humildad que la marca de su vocación conlleva la responsabilidad de ser y de dar. De escribir y de convocar la poesía. Este libro así lo muestra.

Uva de Aragón
Associate Director
Cuban Research Institute
Florida International University

"Más allá de la poesía y todo lo que huela arte, hay un sentido humano conmovedor y fuerza extraordinaria que envuelve a esta mujer. Eso de borrar barreras porque todos pertenecemos al mismo país, el planeta Tierra, me parece esperanzador".

Jesús Hernández
La Revista del diario
Diario Las Américas, Miami

"Soñar es fácil, pero trabajar por un sueño eso sí que no lo es. Maríly Reyes hace casi una decena de años comenzó la quijotesca tarea de agrupar pintores, escritores, escultores, músicos, mentores de todas las artes bajo un lema esperanzador: "No dejemos que nacionalidad, raza, sexo ni edad nos separe, seamos uno en las artes" Hoy muchos formamos parte de su sueño, su energía y vitalidad, su cariño y simpatía, nos hace sentir dentro de una gran familia y nos contagia para continuar sumando amigos a The Cove / Rincón."

Silvia Luján Rúa y Raúl López Ibáñez
Pegaso Ediciones-Argentina

Maríly Reyes, una mujer que se describe como soñadora, que va más allá de sus propias realidades conectando arte y espíritu con el espíritu universal del ser humano, en toda circunstancia y en cualquier latitud. Reflexiones II / Reflections es una obra madura, que exuda poesía incluso en los relatos; una obra que nos transporta a través de metáforas, permitiendo al lector jugar con su propia imaginación. Un libro profundo que llena el espíritu de alas.

Vilma E. Muises
Escritora / Editora

Reflexiones II nos adentra en la sensibilidad y el sentimiento que ha puesto Maríly Reyes en cada uno de sus poemas y relatos. Más que un poemario es un compendio de vivencias a través de su vida. Los poemas dedicados a sus hijos, su esposo, a su padre y a su madre nos ilustra el profundo amor que siente por su familia y, como dice en su poema La Viña, la amistad es como el vino, al principio se lo va conociendo y una vez que el paladar lo acepta queda su sabor para siempre. Maríly Reyes, gran poetisa, gran persona y sobre todo gran amiga. Gracias Maríly por permitirme escribir estas líneas en tu libro y, sobre todo, gracias por tu sincera amistad.

Gabriel A. Zubiat
Poeta/Ilustrador

"Garabatos de Sentimientos"

Sangre Poeta

Colgando de la luna vivo
y araño el viento
para desamarrar
las apretadas olas
del MAR.
Se golpean mis
palabras
unas a otras…
Sí, soy poeta.
Quiero dejar
mi huella en el mundo,
…en el viento.
Y en un cautivante
romper,
elevarme con la
fuerza de una flecha.
No sé de sentimientos
pequeños
pues desde la piel
de mi alma
me va pariendo
el corazón
porque soy, soy poeta
poeta… y mujer…

Si Yo Fuera Pintor

Si yo fuera pintor
pintaría mis sentimientos,
pintaría los campos
florecidos con amor.
Pintaría al mundo
cuando al llover llora,
pintaría el sentir de la piedra
cuando le acaricia la ola.
¡Ay! Si pudiera pintar
lo que la planta pregunta,
cuando tan en silencio
su cándida flor fecunda.
Pintaría cuánto se sana,
cuánto se sana el dolor
cuando tan solo mostramos
un poquito de amor.
También pintaría, cómo a cenizas
nos reduce el fuego,
cuando el amor
ponemos en juego.
Me gustaría poder pintar
cuando al abrir la ventana
y hallamos una sonrisa…
como vuela el alma liviana.
Pintaría el beso de la
estrella y la montaña,
pintaría el querer
de la tarántula y la araña.
Pintaría el mañana
que será otro día
bajo el mismo cielo y MAR,
pero más diferente todavía.
Yo pintaría en vívidos colores
y a pura prosa
las espinas, el perfume…
y la belleza de la rosa.
¡Cómo pinta mi pincel
en las manos de la imaginación!
Mas soy solo ser de sueños
que no pinta nada, solo… la ilusión.

Revista iberoamericana (USA) /Antologías: Poetas Güineros en el Exilio,
Miami FL.,USA. - Poesía Cósmica Cubana (México), Recital Teatro
Nacional Miguel A. Asturias(Guatemala)

Esclavitud del Tiempo

Tiempo pasado,
Tiempo presente,
Tiempo futuro,
Tiempo
que conjugas mi vida
a tu antojo.
Tiempo, que
me viste crecer
lejos de mi patria,
Tiempo que
me hiciste mujer,
madre y amiga.
Eres tú, Tiempo,
quien se llevó
del regazo
a mis niños
rápidamente
haciéndolos adultos.
Es contigo Tiempo
que veo
caer nieve
sobre mi frente
mientras robas
mi juventud…
Igual te robas a
mis seres queridos
y recuerdos del ayer.
Eres tú, Tiempo,
la paradoja que
escapa entre mis dedos
y a su vez
está ahí presente,
dándome…
quitándome…
Eres tú, Tiempo,
quien me acompaña
mientras a tu antojo,
conjugas… mi Tiempo…

Página de la UNESCO Italiana, Cayomecenas.com y
revista The Cove/Rincón

Monólogo del Poeta

Tarde he llegado
a tu morada, poesía,
aunque ardiente
hacia ti siempre corría.

Pequeña vida tengo,
mas paso firme llevo,
pues mis placeres y
dolores, a ti siempre yo elevo.

De clásicas musas
mi pobre vida carece,
mientras mi corazón
de la poesía padece.

Como soberbio MAR
con espumas de otro mundo,
lanza coplas al aire
mi corazón vagabundo.

Mi corazón es morador
de la montaña,
que dicta fragmentos poéticos
de una estrofa extraña.

A mis versos, quizá la
ignorancia y la pasión sedujeron,
pero al palpitante chispear de
mis venas, esos versos me dieron.

Quizá ¡oh seres palpitantes!
de fineza yo carezca,
mas… ¿quién ante el sol,
una sombra no pesca?

Soy pobre poeta, que no
sé expresar en armonía
lo que mi alma siente
cuando la noche, se besa con el día.

Amo la belleza que
en el mundo nos da Dios,
y entrego mi poesía
como el hijo que se dio.

Soy producto del más hermoso
y florecido Abril,
cuando renacen los árboles
con las lluvias de marfil.

Como orgulloso árbol
que seco se ve,
mi verso es el
suspiro, de lo que fue.

Y aunque crédito a mi poesía
el hombre no dé,
yo como el árbol...
...moriré de pie.

Publicación Círculo Panamericano de Cultura (Miami, FL.,USA)
Periódico LA Hora (Guatemala)
Recital Teatro Nacional Miguel Angel Asturias (Guatemala)

Para Ti

Para Alexis y Frances

Se mezclaron nuestras quejas
en mi parto
a tu existencia.
Mi vida
tomó la forma de una lágrima
y en voces silentes
cabalgaron los murmullos
del corazón.
Nunca más
durmió mi poema
y los hilos dorados de
la vida
entretejieron
para siempre
nuestros senderos.
Así,
así se mezclaron
nuestras quejas
en mi parto
a tu existencia...

La Viña

La amistad bien se puede comparar,
a ese vino que emborracha…
pues igual que al vino hay que saberle tomar
para que relaje sin llegar a uno enfermar.
Como el vino también la amistad,
al ofrecerse, del corazón un poco se entrega,
hemos de probarle primero, beberlo después,
…entonces… hablamos de ella.
La selección del buen vino difícil es,
ha de hacerse cuidadosamente, errando
y volviendo a probar
para seleccionar y encontrar,
ese buen vino al final.
Desde tiempos prehistóricos el vino se conoce,
e igual que éste satisface el paladar…
los amigos satisfacen
en nuestra vida el andar…
Puede ser la compañía, una palabra,
una mirada o solo su corazón,
igual que lo es el champán,
vino blanco o vino tinto
de acuerdo con la ocasión.
Así, igual que el vino,
podemos consumir la amistad:
Vino blanco: En copa larga y estrecha
Champaña: En copa chata y ancha
y el vino tinto en copa amplia
y profunda que llegue hasta las
entrañas para sacar la verdad.
Mas como amigo todos los vinos
puedes ser con un solo corazón
y así bebemos de una misma copa
en hermosa comunión.
Por lo tanto, plantemos la semilla
de la "Amistad" con aire fresco
y confianza… reguémosla
con sinceridad…
Cultivemos la cosecha sin egoísmos
y cuando la fruta madura esté…
¡Ven…recógela conmigo!
Y beberemos el vino que más place
al corazón; el que todo en uno es,
el que llamamos: "Amigo."

Antología de Poetas Güineros en el exilio (Miami, FL.,USA)

Llanto del MAR

Podrido en un estuche
mi corazón está,
ya no baila el MAR
con sus olas.
Pero ven, acompáñame
como el árbol a las hojas.
Deja que tus palabras
muerdan mi alma
y sean compañeras
de esta alma trastornada.
Manejando desde las
sombras del alma,
exhalo ese último
soplo de ilusión.
Un pedazo
de mi tiempo te regalo,
toma, abrázame el alma
bebe trago a trago
mi corazón
tejiendo
lindos recuerdos
en mi hambrienta imaginación.
Dame deseos
de provocar lluvias
creando matices
que dan tonalidad
a mi existencia.
Sé carnaval
de estrellas y sonrisas
y hazme creer en ti
como torpe debutante
de la vida.

Es Mi Amante

Nació de manos artistas
que dio forma a su existencia,
tiene corazón de madera
que la música hace latir
y se deja querer por quien quiera.

Corre música en sus venas,
su curveado cuerpo
invita a tocar,
es mástil de penas y alegrías
que nos deja meditar.

Es puente de sentimiento a palabra,
su tono es tan diferente
al canto de la cigarra
que al oírle cantar sabrás…
y le llamarás… guitarra.

Homenaje a Jorge Luis Borges
Pegaso Ediciones (Argentina)

Conga de Sentimientos

En conga de sentimientos,
llega la libertad
de mi propio ritmo.
Rosa de amor
traigo en mi mano,
traigo sol y son,
olor, color y sabor del Caribe
Paloma mensajera soy...
cruje el viento con mi vuelo
que flechas de fuego lanza,
cantando el dolor
de una raza.
Escuchen mi música
hasta que
las últimas notas mueran,
entre aromas de guitarra y café.
Así seguiré mi vuelo,
hasta ver una estrella caer
en medio de algún río.
Y en conga de sentimientos
llegará
la libertad de lo mío.

Presentada en la exhibición de arte sobre Cuba realizada por Ana Quirós

Olor a Campo

Siento olor a jazmín
a hierba mojada, a fuego
a madera seca…
Huelo el aroma
del sentimiento de aquel,
que al fin del día alcanzó su meta.
Hay olor a caña de azúcar,
que ya moliéndose
en el ingenio se hace melado.
Siento olor a tierra,
a humo, a fruta, a carbón…
y a plantas y flores a mi lado.
Es un olor marcado
que despierta las entrañas,
un algo que place tanto…
¡He llegado a describir el aroma!
¡Sí, eso es…! Huele… huele a campo…

Tercer lugar Festival de la Hispanidad 1986 Concurso abierto
Miami Dade Community College. Publicado en la revista del profesorado.
Antología de Poetas Güineros en el exilio (Miami FL.,USA)
Llevado a canción y puesto en escena Show Gala I del Cove/Rincón

Te Di Nada Aquel Día

El arte del aire pinta tu cara,
inventando ángeles…tu mirada
volvió así el aire a pintar tu cara
y mi alma tan cerca, a ti aferrada.

El alma en un grito se abrió camino,
ven, besa mis pestañas que lloran sangre,
sangre de otras vidas y otro destino
de alma tormentosa y con hambre.

Ven a mi MAR y en las costas del tiempo
enterremos las penas
adonde el cielo no miente, lento muy lento
hasta quemar nuestras venas.

Detalles de sabiduría son mis canas,
así nada te di aquel día y me moría de ganas…

Mosaico de Emociones

Hoy la lluvia
me huele a ti.
Recuerdos tuyos,
como soldados de la noche,
pelean mi sueño.
En la soledad de mi imaginación
a puro fuego y estrella
…la noche…
De azúcar y hiel,
el sabor de mi poema.
Torres de azúcar
desmoronadas
y de alas… mi piel.
Un zarpazo de injusticia
y que me perdone
la conciencia…
Tropecé con la palabra
y desde el filo
de mi horizonte,
te envié mis lágrimas
en lluvia
para que las sintieras
en tu piel…

Gotas de Dolor Junto al MAR

Contra la orilla
se escucha mi voz.
¡Que duerma mi sangre!
No quiero
soñar a solas.
Se cae mi alma
y como gota levantada por
el aire
se ahoga
en el ayer.
Ruido de espumas
azotando recuerdos,
recuerdos pesados
como piedras.
No te buscaré
en la distancia.
En mi corazón,
raíces,
impalpables cenizas
de un leño.
Decidí
que saldrías de mí.
Repartiré estrellas.
Ha llegado la noche
para ti.
Muérete de dudas,
frío,
miedo.
Continuaré mi viaje
y fundiré en mí
las gotas de dolor.

He Tocado Mi Sueño

Vivo con tu nombre prendido
en mis labios.
En cada uno de mis días existen
memorias, recuerdos, detalles…
cada uno preservando un rato tuyo;
mas hoy has hecho que esos
momentos los sobrepasen algo
más fuerte…
Me dejaste besar tu risa,
me mordiste, me besaste,
me incendiaste… te hundiste
en los surcos de mi cuerpo
y fue nuestra pasión,
la mas dulce caricia.
Cabalgué, naufragué y me ahogué
en tu vientre.
Desnudaste tu sonrisa,
me visitaron tus dedos…y
fuiste tú la bandera
de mi anhelado soñar.
Y cuando lloviznó tu amor
sobre mí, entonces…
entonces yo comprendí,
que había tocado mi sueño.

Recital Teatro Nacional Miguel Angel Asturias (Guatemala)

La Puerta del Tiempo

Me enseñaste a apreciar
la belleza de una arruga
que con gaviotas en mis ojos
sorprendió mi piel.
Bailando con mis años
suavizaste mis miedos
y el MAR con su color de invierno
su sabor a llanto tragó.
Deseos de provocar lluvias
orgasmo al alma causó,
te clavaste como amor de puntillas
que a pedazos, el silencio rompió.
Pedacitos de brillo en el MAR
piel de ala y alma encallecida,
dulces inquietudes, mosaico de emociones
y así de nuevo, tropecé… con mi piel.

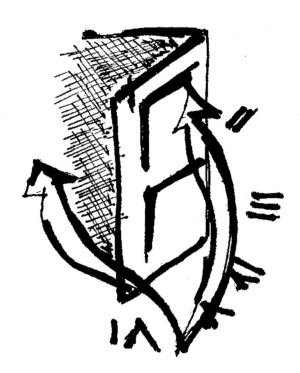

Mis Días, Mis Sueños... y Tú

Cuando mis ojos despiertan cada mañana
te entrego mi vida entera,
y en la confusión de mis días
mi corazón te espera...
y aunque no vengas, el deleite
de la esperanza de poder verte
sigue siendo excitante...
Mis oídos tratan de oír tus pasos
y aunque no te escuche...
te seguiré esperando.
Mis labios se entreabren
para besarte... y aunque
no me beses... siento tu aliento.
Todo mi yo espera una caricia
tuya y aunque no estés conmigo,
siento el roce de tus manos.
Mis ojos pierden de dormir
tratando de verte en mis sueños...
y aunque no te encuentre...
...es hermoso soñarte.
Solo una porción de mi ser
está en este mundo... el resto...
...¡hum! Bueno... el resto, está
en mis sueños.

Violencia y Cara de Dolor

Cuánta violencia.
Caras de dolor,
pobreza, hambre.
Territorio
de fuegos y volcanes.
Con el barro de tu país
te confundiste,
cruzando tus pasos
en mi camino.
La vida
no llena tu copa
con su vino.
Y precipitando
tu vida dolorosa,
con corazón cortado
quisiste romper el mío.
Con palabras resbaladas
y manos color madera
apuntaste a mi pecho
el fuego de tu violencia…
Mi MAR se redujo
a una sola gota de sal
ante tu cara.
No recuerdo tu rostro,
solo el color violento
de tus ojos.
Nada te toca,
solo el rostro
del frío.
Y yo, ahí parada
en la puerta del tiempo
protegida apenas por mi miedo
mientras bailaba con violencia
la cara del dolor.

Sed

Tengo sed… sed de encontrar
no quien pueda, sino quien
me sepa amar.
Mi boca tiene sed…
¿Para qué están tus besos?
Tengo sed del beso de tu boca
y de esos labios que
me vuelven loca.
Sed de enlazar tu cuerpo
con el mío…
y en un solo nudo quemarnos
con la fiebre de tu amor
y de mi brío.
Sed de desnudar
mi vida en tu regazo,
de amarrarme apretada a ti
y estremecer
mi carne entre tus brazos.
Y cuando al ritmo
el corazón golpee
y quede aún con
ganas de besarte…
bésame, muérdeme, enloquéceme…
oblígame de nuevo a amarte,
pues me he quedado con ganas de mirarte
una vez más
en desespero verte…
quizás, tal vez así quede embriagada
y calme mi sed al poseerte.

Recital Teatro Nacional Miguel Angel Asturias (Guatemala)

Grito del MAR

Con la soledad
y el grito del MAR
mi alma baila herida,
y se fatiga
experimentando
mi dolor.
Melancolía y entusiasmo
van trenzándose
en mi día.
El oleaje de mis
impulsos
contra la realidad
se estrella,
olas del MAR que
se quiebran,
en las que profundas
horas
se anclan.
Viajeros vientos
rumores traen
de olas sin espumas
ni canto,
olas acostumbradas
a la tristeza del MAR.

Pliegues de Otoño

Otoño sobre mi frente,
noche que se desmaya,
bordados de cristales
mis días se visten de ti.
Hilos del alma,
sogas ásperas de la vida,
en sobredosis de poesía
te veo sin mirar.
Soy agua
que se vierte en los océanos,
la MAR ejecuta su melodía,
salpicado con los rayos del sol,
por ti, llega mi día.
Con infinitas ganas
matizas colores,
una espina hinca mi mente
cuando no pienso en ti.
Fuerzas inquietantes me desquician,
el agua tiene sed…
y cabalgando por el aire estás,
en cada pliegue de mi memoria.

Homenaje a Jorge Luis Borges
Pegaso Ediciones (Argentina)

Acuarela de Amor

El timbre de tu voz despierta mi alma,
un ruido de espumas rompe en la orilla,
sábanas lentas arropan mi noche, el aroma
del MAR con sabor a sueño va rozando la locura y
mordiendo cada ilusión.
En las raíces de la noche dibujo un poema,
entre espectaculares candilejas
pinto tan real el MAR que llego,
con alas gastadas, mis sentidos a dudar.
Pinto la historia del MAR
y del candor de las olas,
el MAR, con su color de invierno
es una acuarela de amor.
Doy vida a escenas que han sido
construidas en la imaginación
y así, la blanca piel de las olas
con el peso de mis canas se viste.
La blanca espuma en la cumbre de las olas
como iluminadas alas de ángel,
cuelgan en el aire las penas
y se atraviesan una a otra.
Despierta la furia del MAR
el rostro de su cada latido,
protegida apenas del miedo
la lluvia alza su copa a brindar.
Con los colores del viento pinto tu cara,
con el aliento del salitre, tus palabras,
con los laberintos de mi alma, tu candor
y con el sonido de mi silencio… tus ansias.
Baila así el MAR con sus olas
en el viento de la noche,
y de las alas de un ave de paso,
como escultura poética,
se ven caer gotas… como flores…

Retazos de Poeta

En el vuelo de la imaginación
expando mis alas;
en el entretejido secreto de
la vida,
como fragmentos celestiales,
bailan en mi memoria
recuerdos tuyos.
Los hilos de la vida
entretejen tus senderos y
el mío
y como cristales de colores
se escapan
estos retazos de poeta.
Inquietudes
diluidas en mí
casi a traición me atacan
y abrazada a mis manos
de poeta,
mi pluma te grita
el calor de mis pensamientos.
Con los oídos del alma
escucho, el profundo tallar
de esa escultura de lo nuestro.
Así, en este garabato de
sentimientos
exploto en chispas silenciosas
y te regalo…
mis retazos de poeta.

Abril en Añejo

Este día
de abril en añejo,
un machete quisiera ser
para de un solo tajo
cortar…
la distancia entre nosotros.
Mordí mi aliento
al ver desvanecer
tu figura en el espacio, que
huellas
en mí dejó.
Sé que te di
fuerzas para navegar,
mientras se me salía
el amor por los ojos
en forma de lágrimas…
y se me ahogaba
el corazón.
Testigos de piedra
fueron tus ojos,
pero bien sé
que en el bostezo del día,
pedían limosnas tus sentimientos.
Como cazador de estrellas
me arrojé sobre
las cadenas de la vida
y pude, a tu lado, bordar
un poquito
de ilusión en tu mirada.
Hoy, en este día
de abril en añejo,
sale de mí, gateando cada letra
para pedirte
que con el sol en tus dedos me esperes
porque de clave,
bolero
y azúcar
mi vida se compone

y volveré una tarde cualquiera
entre los rayos del sol…

Homenaje a Pablo Neruda Pegaso Ediciones (Argentina)
Antología Rincón Bohemio/The Cove/Rincón (USA)

Canción Desesperada del MAR

Esta tarde
mis tristes olas
como inmensos brazos,
se abren como redes
queriendo abarcar tu mundo.
En mi MAR desierto
eres el último pez,
pero igual que las redes
no detienen el agua,
yo no te puedo retener…
Mis sentimientos andan descalzos
locamente cargados
de dolor.
Tiembla mi vida
como noche de tormenta,
eres pez petrificado
en mi alma,
con cariños divididos en sueños
formas el viento de mi angustia
sin saber.
Casi fuera del mundo
se detiene mi vida
errante,
girando a mi alrededor.
Es hora para ti
de comenzar otros caminos
y la ansiedad
parte mi corazón.
Como voces nostálgicas
golpea a la orilla el MAR.
Tiempo,
fatal compañero de nuestras vidas
te arranca de mi orilla…
Llévate para tu vuelo
mis alas
ya que emerges del alma mía.
Y mis palabras sin eco
como espuma abandonada,
caen en las mojadas aguas
de la basta inmensidad.

Taller Literario, antología (Puerto Rico)

37 Años Después

Para mi familia en Cuba. Julio 5, 1998

37 años pasaron.
Volví…
El viejo chalet
como orgulloso
árbol,
en pie.
Pintura descascarada,
ventanas
jorobadas…
A la acabada
saleta
llegaban todos
a verme
ya con rostros
arrugados
y mirada
triste.
Recordaban
nuestra niñez
ahí…
cuando estaba
la abuela.
Revivimos
los días de Reyes,
los regalos
que tuvimos,
las fiestas de
Año Nuevo
cuando
la doble avenida
cerraban.
Los paseos
a la finca,
a la playa
y hasta a la escuela.
En el zoológico
nos reunimos
40 de nosotros
a recontar,
de antaño
las trastadas.

Luego algunos
nos fuimos
a pasear
por más recuerdos.
Y con chispazos poéticos,
palpamos
con palabras tibias,
los años perdidos.
Así se fueron
los días,
olvidando
que no éramos niños…
Olvidamos
las arrugas,
las miradas tristes
no estaban…
Pero llegó la
mañana
en que realidad
tocó a la puerta,
volvieron todos
a verme;
se notaban las
arrugas,
ojos llenos
de lágrimas…
y aumentaban
en sus frentes
la profundidad de
los surcos.
Yo,
que con mi hijo
viajaba, me
volví a este país,
y ni ellos,
ni nosotros,
volvimos a ser igual…

Poesía Nocturna

Siento
el filo
de mil puñales,
y como velo
de negra noche
mi pensamiento.
El aire
me huele a pena,
a soledad…
La brisa
golpea mi piel;
la sangre,
corre atropellada
por mis venas.
Las cosas hermosas
de mi mundo
cuelgan de
espinas.
En este
garabato de sentimientos,
se apresura
la noche.
El color de mis
pensamientos
me desquicia.
Se va deshojando
la vida
como si tuviera
telarañas el cielo.
No duerme
mi poema,
me duele…
me obliga a
una bancarrota
de emociones.
Con el otoño
en los ojos
me visto de
coraje.

El yo gastado
hilvana palabras,
hace gritar
mi poesía.
Y a pura metáfora…
… cierro la noche…

Con Galicia en el Alma

Atrás te dejo Galicia
tus campos y tus
olores
y ya empiezan mis
dolores
con morriñas
en el alma.
Tu gente linda, tus
praderas y montañas
robáronme la calma.
¡Ay gallegos de
mi alma!
Henchida de amor
te dejo, por trecho
en la carretera,
y en cada kilómetro que
avanzo, palpo el sabor
de lo que era.
Tu mejor música los
pajarillos, el susurrar
de las hojas,
el canto de tus ríos
y el perfume de
las toxos.
Y así atrás
te dejo Galicia,
tus campos y tus
olores
y empiezan ya mis
dolores
con la morriña
en el alma.

Galiza, Galicia, España

30 Años Después

Los años pasan
como pedacitos de
silencio, que
se enredan en
el alma.
Pero,
cada vez que te veo
y escucho tu
risa…
pintas cálidos recuerdos
de una noche
inolvidable…
la noche
en que naciste…
… "mi hija".

Años Viejos
(a mi padre)

Con el otoño en la mirada
y canas en el alma
navegan recuerdos
de los veranos de su vida…
Jugando cartas, mi padre,
en horas de quietud
olvida sus años y se
siente en pura primavera.
Pero la constancia
de los años asecha…
Se levanta de su silla…
le sopla el viento…
Sus recuerdos se pierden
allá, a lo lejos
del horizonte.
En la copa de los
árboles
se atrapan sus sentidos
y oculta sus penas
en las grietas del sol.
Le asalta la tristeza,
como la que causa la lluvia,
y le azota el invierno…
¡Ay! Cómo quisiera que se rompieran
tus penas, allá lejos
contra las piedras
donde se atrapan los sentidos…
Un corazón ya polvoriento
y con canas en el alma
se lleva las horas viejas
rellenando de recuerdos,
la almohada.

Revista Décima Musa (Argentina)

Te Regalo

Te regalo mi vida
en una lágrima
y este garabato de
sentimientos.
150 páginas de penas
y mil de alegrías.
Aromas de guitarra
y sabores a café.
Pedazos de mi
mundo con
su poético murmullo;
la dura ternura
después de tres horas
de lluvia
y mi diccionario
de sueños.
Luego el olor a
cenizas mojadas,
la mitad de mi silencio,
el calor de mi alma
y finalmente,
flechas de fuego
para que peldaño
a peldaño,
puedas cruzar
hasta el último
vuelo del MAR
y con el hacha del
amor
rompas, el feroz
MAR de mis entrañas.

Mujer que Lloras

Su fiel amante
se fue, su piel bohemia
rompió
dejando que el sol
zurciera la pena.
Mientras los campos
entretejen sus años,
crece en su mirada
el cielo.
Arrulla
su dolor en silencio,
se le desabriga
el alma…
le robaron el vuelo
y rasparon el corazón.
Amó mucho,
quizás demasiado,
pero no le amaron bien.
Ya tiene
la piel del alma
curtida
y no le duele
la ausencia.
Sobre las hojas
secas del otoño
camina,
no hay agua que
calme su sed.
Deshuesada ya la
noche
mira una flor de
colores gastados
y besa
sus pétalos de hierro…
Solo le queda, el
movimiento del MAR en
su memoria.

Después de todo
hoy
no tiene nada.
¡Ay mujer que lloras…
Mujer que lloras…
cuando nadie… te ve…!

www.cayomecenas.com

Se Me Agrieta el Alma

Se me agrieta el alma
en esta jaula
de sentires.
Como heredera fiel
de la amazona,
me revelo.
Preñada por la poesía,
en ella
misma, se vierte mi existencia,
bebiendo mis silencios
así
me barajo la vida.
A veces creo que conozco
(otras que no)
a la vida, la lluvia, a Dios,
lo abstracto, lo tangible,
lo eterno… todo
menos yo, marca mi historia.
Suplicando una caricia
al sol
se solidarizan mis manos.
Sembrando sueños
cosecho mi historia
cualquier noche de invierno,
y con aromas de
sudor, voy
penitente de mi sombra.

Junto al Río Pambre

(La Ulloa, Galicia)

Hilvanando palabras
te grito en versos
que me muerden los pétalos
de las flores
cuando salpicado con
los rayos del sol,
llega tu día.
Soy agua
que me vierto en tu río,
y en ti
vuelvo a escribir otro
capítulo de mi vida.
Con humo en mis ojos
en el vientre de la tarde,
asociándome con las nubes
en loco experimento con la vida,
recibo el abrazo de tus campos
que se enredan en mi alma
aquí… en Galicia…

Sintiéndote en Mi Tiempo

En la pequeña antesala de
mi alma
te encontré un día…
No sé cómo llegaste,
pero ahí estabas…
Llegaste,
cuando ya
no creía.
Ahora,
en cada esquina de mi vida
a diario te siento.
Polvo
y lágrimas de estrellas
juntan letras para
inventarte palabras.
Con una fuerza
interior
que me domina…
me acerco a tu cuerpo
con manos llenas de
nubes…
Te permito entrar en
mis pensamientos…
entra en mi cuerpo,
haz de mi otoño
primavera.
Te regalaré
una gota de lluvia y
un rayo de sol.
La gota de lluvia
para que te penetre como
penetra la lluvia
a la tierra,
y un rayo de sol
para que puedas
escalarlo
y subir hasta las manos
de Dios.

Quiero dormir
tranquila… para
soñar contigo…
para no despertarte, te
amaré en silencio.
Me has enseñado
a sentir el tiempo,
a escupir las lágrimas y a
coleccionar sonrisas…
Sí,
me has enseñado a sentir el tiempo,
y con eso… me basta.

Revolución de Nostalgias

Es una tarde
amarilla, pero
el color de esperanza
invade el mundo.
Tarde gloriosa
de otoño
y yo…
revuelvo
el escaparate de
sueños,
de fantasías,
de recuerdos.
Una lágrima
besa mis labios,
viola mi boca,
y así
brota una poesía.
Como MAR
que escucha
la risa de los remos,
corro el riesgo
del olvido.
No compro voluntades,
ni conciencias,
asumo la responsabilidad…
según se gastan
los colores de mi vida.
Una debilidad galopante
vence mi cerebro,
se arrastra el aliento
devorando la vida,
danzan entre mis pupilas
puñados de sueños.
Siento
aroma de guitarras,
de nostalgias.

Los hilos de la
vida
van entretejiendo
senderos.
Otoño…
la tarde sabe
a menta
y a revolución, de
nostalgias…

Antología Homenaje a José Martí,
Pegaso Ediciones (Argentina)

En Mis Cabellos Grises

En mis cabellos grises
hay revolución de
nostalgias.
Las calles son
como un solo pensamiento
adonde te hallas tú.
En mi silencio
estallan cohetes en
forma de lágrimas.
Como naturaleza
sin frenos,
me ofreces tu canto
de despedida.
Me dices que te vas,
llorabas al decirlo,
tus lágrimas eran
como gotas de oro que
poco a poco llenaban
la grieta de mi dolor.
Es tiempo, lo sé,
tienes que marchar…
pero el MAR cabe
en los recuerdos
que llevo dentro de mí.
¡Cuántas cosas quiero
decirte, recordarte,
explicarte…!
Mas se me debilitan
los sentidos.
El otoño
acaricia mi frente,
y a ti
la primavera,
trazándote líneas
de un camino a recorrer.
Mas en la pintura de
mi memoria,
dibujado por siempre
quedará…
el día que naciste
y te arrullé
en mis brazos.

Mi Otoño

Las hojas amarillas de
este otoño
son como gotas de oro
que poco a poco llenan
la zanja seca
de una vida que se va.
Y si en mi almohada
no descansa ya la sonrisa,
si se despliegan mis sentidos
en peregrinaje por mi mente,
reñiré con mi espacio vital,
esconderé mis penas
en las grietas del sol…
y danzarán entre
mis pupilas
puñados de sueños,
hasta que mis cabellos
grises
bailen con los años
y la piel de mi
alma, se llegue
a curtir.

www.cayomecenas.com

Muñeca Antigua

Andando entre cosas viejas
una muñeca encontré,
era mi muñeca vieja
con la que tanto jugué.

Hallando un algo mío
parte de mí encontré,
sin tan siquiera esperarlo
treinta y tantos años después.

Tenía mi antigua muñeca
sus azules ojos en blanco,
parecía poseída
¡Ay yo que la quise tanto!

La limpié cuidadosamente,
limpié sus ojos en blanco
y volvió el azul a sus ojos,
yo que la quise tanto.

Poseído a pesar de todo
es el azul en calma
y poseída está mi muñeca
poseída con mi alma.

Tenía mi antigua muñeca
sus azules ojos en blanco
parecía tan poseída
¡Ay yo que la quiero tanto..!

Romance Azul

Va sonando caminos
lentamente, deshojando vida
mientras se entreabre ésta
por primera vez en la playa.

Tiene alma navegable
alma que ata el silencio
allá, hasta el horizonte
adonde cielo y tierra se abrazan.

Pues el amor no es siempre
puntual, y llega arañando
espacio, entre hoy...
... y la eternidad.

Así en los tacones del tiempo
con la frente en el agua
va enamorándose el MAR
de sus espumas de nácar.

Antología Homenaje Poesía Universal/Pegaso Ediciones (Argentina.)
Joven Poesía/Antología (Miami, FL USA)

MAR (Sin orilla)

MAR sin orilla soy
tan siquiera tengo arena
pero el MAR es mi cadena,
como aventurera soñadora voy.

¡Oh MAR! Inundas mis ojos
eres siempre mi cadena,
mi canto mi condena,
sin freno, sin enojos.

Atrapar el sonido del MAR
jamás podré en un poema
justicia a su paz es mi lema,
aunque inalcanzable lleve el MAR.

Soy sin orilla un MAR
ni siquiera tengo arena
y es por eso mi condena
querer atrapar el MAR.

Recital Teatro Nacional Miguel Angel Asturias (Guatemala)

Saga Poética

Es brutal prostituir el alma…
mis ojos como dedos tocando el dolor
sin poder doblegar obstáculos que a la calma,
como violenta metáfora, roban valor.

Demasiado grande necesito el corazón
para albergar a tanta gente,
seres podridos de ilusión
de lágrimas calladas que son gritos silentes.

Romper las agujas quiero del reloj de la vida,
esas pestañas que lloran, besar.
Puñales en la esperanza se hunden de caída
y devora la angustia humana, el MAR.

¿Cómo resolver este teorema?
Si como locura estable, solo tengo mi poema…

Para los cubanos, haitianos, enfermos…
Para los que sufren y los que sufrimos por ellos.

La Eterna Gaviota

Con su paso que apresura,
la gaviota siempre va
sobre la arena insegura.
Vuelo distante parece alcanzar,
mas prefiere alrededor...
de un barco revolotear.

Confusa, teme a su sombra,
sabe que es dueña de nada...
suyo es solo el reflejo que logra,
pero... sus sentimientos no bota
sigue aferrada a ellos.
¡Ay! Esa tonta gaviota.

Escarba la arena y curiosea...
tapado halla...
lo que escondió la marea.
Vuelo alza en busca de un galeón
y va cruzando los mares...
llena de ilusión.

Vuela a los montes...
vuelve a la tierra
preferible a la playa adonde...
en la arena algo hallará
y buscando encuentra
porque enterrado no está.

Grandes pequeñeces le asombra,
se asusta y así tropieza
sobre su propia sombra;
sus alas expelan brisa
y al volar causa...
el fuego de una sonrisa.

Sobre las aguas ha de volar
pero sumergirse no puede,
prefiere revolotear...
Cruza los siete mares con ala rota,
mas tiene alma...y esto le hace:
mitad ser, mitad gaviota.

Le creen frágil mariposa…
parte del MAR, de un galeón,
verso y hasta prosa.
Como ave palmípeda sigue,
que se alimenta de peces
y el rechazo… en la arena escribe.

Goza la dulce angustia
de tener su libertad
y como flor mustia
es victoria en su derrota,
pues fue de un alma ilusión
siendo una simple gaviota.

Cuando Me Besas

Cuando me besas
coloreas mi vida…
una nube azul
me envuelve
y hasta el cielo
me lleva.
Ay… cuando me besas…
Cuando me besas
esa nube azul
refresca mi vida
enmudeciendo mi voz
y se acuestan en
el cielo, mis penas…
Cuando me besas,
en una cascada
de felices lágrimas
doy a luz
las más lindas fantasías.
Cuando me besas
Ay…cuando me besas.

Quisiera

Quisiera
detener el tiempo,
tenerte
como años atrás
y aunque trabada
entre mis huesos
sienta a veces
la vida,
en ti confío,
en ti creo,
en ti descanso;
porque no hay
iglesia más grande
que un corazón
con fe.

Pequeño Detalle

Todo huele
a soledad.
¡Cómo duele recordar…!
Si supieras… te mojarían
las lágrimas de
mi alma.
Aguas secas
riegan ahora
mis días.
El sonido desgarrador
del silencio…
lo irrumpe
en la mañana solo
el trinar de un pájaro.
Surge así la dimensión
de un verso
y como escultura
poética,
tu recuerdo.
Eres mi pequeño
detalle,
eres,
mi mejor poema.

Antología Homenaje a Octavio Paz/Pegaso Ediciones (Argentina)

Otoño y el Mar

Sobre las hojas
secas del otoño
camino.
Hay
humedad de lluvia,
el MAR
escucha la risa
de los remos…
mientras con sal
adoba
las heridas.
Es el agua
que no calma
la sed,
es el amor
que se fechó en
la arena
y solo el MAR
se llevó.

El Eco de la Soledad

El eco de la soledad
me grita
una y otra vez…
Se refugian en mí
las lágrimas del día.
Es día de tormenta,
día de arco iris
blanco y negro.
La manigueta del
tiempo
da mil vueltas
 y yo…
en este pedregal de
emociones en
el medio del cual
me encuentro hoy.
Aquí estoy parada
sin saber hacia
donde ir.
La vida me pasa
cuentas,
el tiempo de magia
pasó.
Me araña el corazón
relojes apurados,
trato que mi luz interna
no se apague,
inclusive,
después de existir.
Que esa luz se mantenga y
sirva de esencia
para respirar amor.
La suma de
todos mis temores
se apodera de mí.
Mi corazón y mi
alma están hambrientos,
y me grita…
me grita…
me grita…
el eco de la soledad……

Espacio Vacío

Espero cada noche
escuchar tu carro
llegar al parqueadero
de la casa.
El sonido de tus
llaves en la
puerta,
es música a
mis oídos.
Luego vienes
y me despiertas
con un tierno beso.
Me despierto,
apago la tele,
y dirigiéndome
a mi cuarto
paro por el tuyo.
Ya te has dormido,
beso tu frente
a veces sudada,
que como agua bendita
humedece mi alma.
Retrocediendo
te doy mi bendición…
Yaces ahí dormido…
…………………….
Pero no… ya no es así.
Tu cuarto está vacío,
no hay música, no hay ternura,
no hay agua bendita,
pero aún te
doy mi bendición
a donde quiera que estés
y ahí, en tu cuarto vacío,
abrazo el espacio
y te beso,
hijo mío.

Desde Lejos, Muy Lejos de Ti

Se me revienta el alma,
estallan cohetes
dentro de mí.
Y en rompecabezas
de arco iris
hoy recuerdo
tu ausencia...
Veloces como balas
los latidos...
quiero apagar mi mente
para que no hable
más de ti.
Es que estoy presa,
presa en aquel tiempo
allá, adonde
me duchaban las estrellas
sin interponerse
la distancia...
Pero hoy, hoy reclamo
prolongados dolores
que arrancan lágrimas
de mis ojos...
y como gorrión perdido,
con la locura en mis venas
y enferma la razón,
sé que me ha alcanzado
el destino...
En los tacones
del tiempo
¿cuántos años pasaron ya?
convirtiéndonos en seres
podridos de ilusión,
fieles a firmes convicciones...
Y con el alma
en carne viva de añoranza,
más allá de la muerte
se convierte...
mi angustia en esperanza...

Reencuentro

Más allá
de la frontera de los siglos,
en las alas del tiempo
te perdí.
Dejaste huellas de gloria
mientras los hambrientos
dientes del tiempo
te arrancaban de mí.
Tu recuerdo
tatuado en mi corazón quedó.
Y en los tacones del tiempo
la vida pasó.
Acaso una noche
soñaba sin dormir
buscando a alguien
que el tiempo olvidó.
Llegué así
al filo de mi horizonte…
Supe entonces
que si dejaba de soñar
comenzaba a morir.
Casi frustrada toda esperanza
en las esquinas del alma
escuché el milagro de tu risa.
Quise pintar con palabras
mi sueño…
Con hambre en el centro
de mi pecho, emprendí
camino a buscarte.
La paciencia del corazón
se acababa.
Te repasaba en mi memoria.
¡No se apagaba mi mente. Ella,
seguía hablando de ti!
Mas logré doblegar los obstáculos.
Rompí las agujas del tiempo.
Hoy, saliste de mis sueños,
entraste otra vez a mi vida.
La esperanza secó mis lágrimas
y con ampollas en el alma
encontré de nuevo
el camino hacia ti.

Diamantes licuados
fueron tus lágrimas.
Estallaban cohetes
dentro de mí.
Nos alcanzó el destino...
Así, ebria de cariño
en el otoño de mis años
quiero, en el invierno de tu vida estar
ahí, hasta el final.
Y con dedos que memoricen la ilusión
empuñar la pluma en la soledad...
en la soledad desnuda de la imaginación.

Estaciones del Alma... y Poesía

Mirando
la nieve sobre mi pelo
radiante con el temprano sol, reflexiono...
Reflexiono
en los cambios de mi vida.
Dios se esconde en los detalles de ésta
acariciando mis pensamientos
al atacarme el corazón.
Entretejiendo cuerpo, mente y alma... escribo.
Escribo poesía.
La poesía es terapia
que va tallando imágenes de momentos
del alma.
Y es con la inocencia de un niño
que trato de pintar una imagen con palabras.
El desconocido laberinto de la creatividad
tiene misteriosos dominios. Temor,
felicidad, obstáculos, son confrontados.
Es una aventura donde conecto
con hilos secretos que atan,
puentes
entre lo físico y lo espiritual;
entre mi mundo interno y externo.
Es una travesía al herido corazón,
corazón que demanda atención
en silencio.
La poesía
es la voz del alma, imán
universal para el corazón humano.
Palabras,
como olas y susurros,
habitan en mi aliento, mi sonido,
convirtiéndose en poesía. Así,
escribo imágenes, sentires, ideas,
generadas por el movimiento del alma.
Palabras,
como ángeles de pena
desempeñan imágenes tal percepción
de la vida humana, de mi vida.
Al escribir
actúo en el mejor interés de mi alma.

Es ejercicio para ella,
que va zurciendo el espíritu
sin costura.
Mis palabras
se convierten en internas resonancias,
se convierten en el eco
de los sonidos sagrados...
de la Poesía...

Mi Mar y Yo

(Sanibel, FL.)

Mis ojos visitaban la playa
mi cuerpo ardía con el sol
mi alma… mi alma volaba libremente
dando así rienda suelta… a mi mente.
Pensé que pasábamos
que pasábamos por la vida a veces
sin saber que pasamos.
Y me detuve al deleite
de la creación
alimentando así… al poeta corazón.
Hermosas conchas, sencillos caracoles,
el MAR feroz, dulcemente besando la arena.
Y yo junto a mi MAR
emprendí viaje y comencé a caminar…
Caracoles y conchas como nosotros…
unos hermosos y tentadores,
otros de perfectos laberintos
y aún otros más…
gastados por los golpes y el tiempo
pero con la belleza de Dios.
Pensé junto a mi MAR,
como en el andar de nuestras vidas
desapercibidos dejamos pasar
tanta belleza,
mas con los años y el andar,
de los viejos caracoles
aprendí su belleza a disfrutar.
Algunos caracoles no muy gastados,
un punto de la vida me hicieron mirar
así como meditar que ya no retenemos
de la juventud toda hermosura
mas lindas marcas poseemos…
Me paré frente a mi MAR…
y sin cuenta darme
mis ojos de lágrimas estaban llenos…
El MAR, el sol, los caracoles…
¡Qué hermosa inmensidad!
Mas somos un punto diminuto
ante una vasta eternidad…

Suavizando Penas

Cierro los ojos
Saliendo de las neblinas
de la memoria
En busca de mi sombra
De amor
Y rebeliones
Hallando
el lúdico placer de llenar
con la tinta de mis penas,
una noche de poesía.

Gorrión de Mi Tierra

Tenía por costumbre
venir hasta mi puerta,
venir a visitar
a descansar del vuelo
o de una herida adquirida
al una rosa posar.
Después de saciarse
del descanso, de la paz
y del mar
revoloteaba y alzaba
alto vuelo sobre
la MAR.
Mas un día regresó
con su pobre alita herida
y no podía volar…
Se la curé y le velaba,
hasta que junto a la tierra
comenzó a volar.
De pronto, una madrugada…
… sentí ruidos…
…¡Se escapaba mi gorrión…!
¡Tan bohemio y se olvidaba!
Que ahí en mi puerta dejaba,
su pequeño corazón…

Ella

Suyo es
el horizonte,
así como el canto
del sinsonte.

Va derramando
un vívido resplandor
y despliega, un
campo de amor.

Tan pronto es verso
como prosa,
es la espina
y es la rosa.

De una virgen
es el beso,
que al corazón
deja ileso.

Es del amanecer
la aurora,
es el ayer, el
mañana, el ahora.

Y cuando desnuda
la risa de su edad,
es nota de música…
… es felicidad.

Del arco iris
es los colores,
del jardín…
del jardín todas las flores.

Y de la guitarra…
es la clavija.
Eso señores…
… es mi hija.

(Los 15 años de Frances)

Abrigo de Penas

Quisiera a veces arrancar
esas penas que van conmigo,
con la misma facilidad
que quitamos un abrigo.

Y colgar…
en el ropero del olvido
seres, momentos y cosas
que adentro nos han herido.

Abotonarme hasta arriba,
hasta el último botón
y esconder en un bolsillo
el sangrante corazón.

Mas con el tiempo el abrigo,
del ropero se ha de sacar
y de repente las penas
vuelven de nuevo a brotar.

Con los años...
corre la sangre en las venas,
y en su torrente llevamos
… ese abrigo de penas.

Piratería de Sentimientos

Apenas había muerto
cuando alguien preguntó
¿Por qué has fallecido?
Mis ojos no estaban destinados, contesté.
¿Destinados a qué? preguntaron.
Destinados a ver lejos
la arena del mar, yo dije.
¡Es mucha tu locura! Reprocharon... O quizás tu sensatez.
Ni eso sé...
Sólo sé que no pude
tener los ojos cocidos. No puedo...
No puedo... repetí.
No podía entrar
por la ventana del sol
a la vida. Y ya terminaba
mi niñez.
¡Quedé a ciegas!
Se alejó la arena del Mar.
Exprimieron
el salitre de mis aguas...
y morí...
¿Si no veías para ver,
cómo sabías a la arena
tan lejos del MAR? Fue la máxima pregunta.
Porque conocí
un tiempo sin engaños.
Tiempo
que hoy se ríe,
se burla...
Porque las olas
eran poemas
que con dulces palabras
acariciaban la arena.
Y porque quedó
el MAR temible en silencio. Lo sé.
Como si se respirase
un aire superior, se oyó el silencio.
Y un poco de salitre humedecido
corrió, por las mejillas del mundo...

El Secreto de la Mariposa

Perdí una el otro día,
una mariposa
es decir,
tan poca cosa es
llorar
por esa gota de angustia.
Mis pies
han vacilado mil veces
queriendo volar tras ella.
Creo que igual que yo,
el viento se siente
cuando sus ojos,
como los míos,
se llenan
del dulce secreto
de la mariposa
cuando tímido
bebe sus colores
y lentamente
prueba su licor.
Licor no destilado.
Licor que yo
he probado
bajo un cielo
de piedras.
Y así
se posa el deseo
en el alma
de atrapar la mariposa.
Como si pudiera alguien
llegar a amarrar el MAR.

Cuando la Virgen Llora

Las lenguas del viento
gritan.
Las calles piensan por mí.
Como ruedas humanas
me voy moviendo.
El aliento de la lluvia
justifica la desesperación.
De la profundidad del MAR
salen peces a mirarme.
Los poetas
callan.
La vida se voltea.
El agua
esclava a los reflejos,
es espejo
a los caprichos del cielo.
Y yo,
solo tengo una imagen
cuando la Virgen llora…

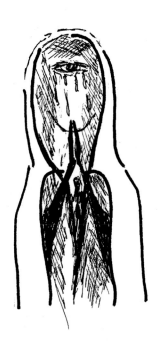

Mente Entumecida

Recuerdos atraviesan
mi alma.
El mundo, a puro golpe.
Quise hablar
mas fui silencio,
golpe a golpe
me chocaba la vida.
Las penas
se interponen.
Siento frío.
¿Quién soy?
De hierro y fuego
mis palabras.
De pluma y tintero
mi corazón.
Se ausenta
la expresión.
Con o sin palabras
dejaré mi marca.
Mi alma
se acompaña de sí misma,
la mente
es juego de azar.
Cuando el recuerdo
haya envejecido
seré como la noche…
mejor cuando se ha ido.

Desde el Agujero de Este Mundo

Desde el agujero de este mundo
la eternidad miramos,
atravesando
el desierto de la vida.
Arañando la cáscara de la
existencia
para llegar
a acariciar el alma.
En el otoño del
invierno vamos
como si fuéramos
cazadores de estrellas.
Los pasos de los truenos
nos recuerda
que vamos apagándonos
en la luz de la noche.
Penas, con caricias diluidas
aplacar quiero,
para así poco a poco,
ir matando… la muerte.

Antología Poética, Miami 2000 (USA)

El Frío y Mi Taza de Café

Aquí estoy con mi taza de café,
el frío… hasta los huesos se cuela
Y estoy… pensando en ti.
En el TV. el noticiero dice
que calentará el día…
Afuera el viento revolotea
el pelo de una pequeña que pasa.
Y adentro, el aire frío
también me azota a mí.
Bebo mi taza de café…
se van calentando mis manos
pero adentro… adentro hay frío…
El sol brilla, pero no calienta,
el vapor que sale de mi taza de café
humedece mi cara… rueda… la humedad
por mis mejillas…
…pienso en ti…
y me bebo otra taza de café…

Más Allá de las Gracias

A ti que mereces mis gracias
dedico hoy este poema.
Por las veces, que con el
alma fracturada
al caer una lágrima mía,
una lágrima tuya
de cariño contagiada,
me ayudó a vivir
cada cosa tonta de la vida.
Teniendo mi mente enredada
y en el corazón una herida
me has sabido ayudar.
Mi corazón en un poema
hoy trato de colocar,
para expresarte algo más allá
de las gracias… amiga.
Por estar a mi lado
en los insignificantes
días de mi existencia
cuando me ha mordido el dolor
y con un rajón en el alma.
Afortunada de tenerte… amiga,
en las tonterías de todos los días,
a mi yo, has traído calma.
Sí, mi amiga del alma,
yendo más allá de las gracias
diré…
gracias por tu cariño… y el café…

Alientos

Aroma de guitarra
en el aliento
de tu boca,
adonde se pierden
mis sueños
con la música
del silencio.
Los hilos
de la vida
han entretejido
senderos.
El MAR escucha
la risa de los remos
como latidos que
se escuchan en la distancia.
Con debilidad galopante
que vence el cerebro
y un alma torcida
que con voz
de fuego canta,
amanecerá tu
recuerdo
cada día
encima de mi piel
y así se irán
zurciendo las penas,
arrastrando el
aliento que
las devorará.

He Querido

He querido cambiar
el mundo
con mi mejor intención
y olvidaba que
el mundo era mundo
porque así hizo Dios
Su creación.

Gota A Gota

Gota a gota
la erguida palma real,
la dulce caña de azúcar,
el verde de
esos campos,
el aroma del café,
tu ron,
tu mulata
y tu son.
Y los colores que
en la tarde
me regala
tu sol.
Guardo en mi corazón
el suspiro
y cada lágrima
de tu gente
que es
mi gente…
Y en el zigzag de tus nubes,
ahí dejo…
mi corazón.

Eternamente Enamorada (de......)

Navegando por la vida te encontré
y hoy te repaso en mi memoria...
Sobre la alfombra pisa el día
y en las paredes de mi mente
vuelan las almohadas del tiempo...
Detengo la mirada en mi colección
de fotos especiales,
me deleito en tus tantos encantos.
Desde la cama de mis pensamientos
abro la gaveta de recuerdos
y el espejo del pasado y del presente
refleja el techo que cubre mi vida.
Contagiada de cariño pienso en ti
y en mi corazón llevo
lo que mi pluma no sabe decir.
Mas me das la maravilla de la inspiración
por más que te alejes de mí.
Mi poema es sentir que no tiene fronteras,
nacionalidad ni color
solo... corazón...
Por eso vivo eternamente enamorada...
Enamorada de ti... GUATEMALA.

Como se Ahogan los Poetas

Entré a la vida
en un verso...
la piel del mundo
me abrazó...
Y la poesía
metió sus manos
hasta la sombra
de mi existencia.
Enmarañado
de nubes...
el cielo,
y con gotas de luna
el pavimento.
Así...
se derramó la
vida en mí.
Me instalé entonces
en la Tierra,
por el límite de
la psiquis viajando...
jugando con
tardes amarillas,
de nubes grises
que adornan.
Abriendo surcos en
mi pelo con los dedos,
quise abrir paso
a los pensamientos,
y fui aprendiendo
cómo se ahogan los poetas
mientras mi soledad,
se acompañaba de la poesía...
Entonces,
envejeció mi pluma...
Y los años harán
que se pierdan
mis memorias,
pero solo así
te olvidaré,
solo así...
... mi poesía.

Antología Encuentro Internacional de Escritores (Chile)

Campo de Batalla

Lánzate
al campo de batalla,
sin escudo,
sin espada,
ahí...te protegeré.
Eres el pincel
y yo
la pluma,
ambos
terminando en el papel,
dibujando palabras
que hacen música
con chispas silenciosas
que provocan
el aroma
de algún piano.
Lancémonos pues
a ese campo
con la protección única
de nuestra canción.

Somos

Somos
como las palabras
que se unen en un poema
para evocar un sentimiento espectacular...
Somos...
como la unión que un pincel causa
en fuerte explosión de colores...
Somos...
de una canción las notas,
que juntas componen la melodía,
eso y más...
Somos...

Super Cove

Letra y Música: Maríly A. Reyes y Enildo Padrón

Rincón de arte, Rincón bohemio
que lo que busca es solo la unión
de todo arte, de todo artista
de su talento y su creación.

Así agarrados de nuestras manos
y desbordados de la emoción,
ilusionados y enamorados
entonaremos esta canción.

Coro

Dame las manos mi hermano,
con ellas el corazón,
para que llegue la dicha
a nuestro amado Rincón.

Dame la mano de artista
el músico y el actor,
el poeta y dramaturgo,
el músico y el pintor.

Coro en inglés

Give me your hand my brother
and with it your friendly heart
together we'll all be happy
in The Cove Internacional.

No importa de dónde llegue
lo que importa es que llegó
de América o de Europa,
del Africa o del Japón.

Aquí queda demostrado
que debajo de este sol
podemos vivir unidos
en el arte y el amor.

Nacionalidad no importa
ni la social posición
ni sexo ni intimidades
ni raza ni religión.

Coro en inglés

Give me your hand my brother
and with it your friendly heart
together we'll all be happy
in The Cove International.

Coro en español

Dame las manos mi hermano,
con ellas el corazón,
para que llegue la dicha
a nuestro amado Rincón.

Dame la mano de artista
el músico y el actor,
el poeta y dramaturgo,
el músico y el pintor.

> *Esta es la canción de nuestra organización*
> *The Cove/Rincón Internacional, Poesía y*
> *Otras Artes, de la cual soy Fundadora, Presidenta y*
> *Directora Ejecutiva desde su creación en 1995.*

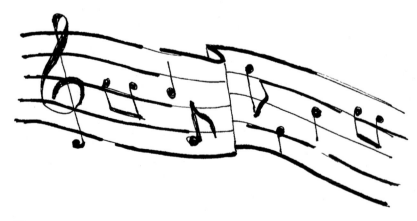

Borrando Recuerdos

Ríos de tinta
van corriendo,
como volcán disgustado,
por las calles
de papel.
El piso
corre
detrás del caminante,
una flor
se suicida,
vuelve el río
a su cascada,
un árbol se ríe
de su desnudez
en el calor de
la nieve,
un pájaro
persiguiendo mi silencio...
penetra mi herida
y yo...
lavo mi cabeza
para borrar
los recuerdos que en mi mente
han quedado.

Mi Patio

Mi patio es el templo
adonde entro a rezar,
adonde relojes apurados
arañan
el corazón
que refugia
las lágrimas del día...
Pero entre los pliegues
de mi vida,
aprisiono
el tiempo contra mí,
mientras el sol
aparece en su caída.
Yo,
con mi locura estable,
hago un pacto con la brisa
y te regalo,
un pedazo de mi tiempo
en la danza con mi pluma.
Y así...
sujeta del viento
puedo dialogar con las flores
y disfrutar...
ahí...en mi patio,
el privilegio
de ser poeta...

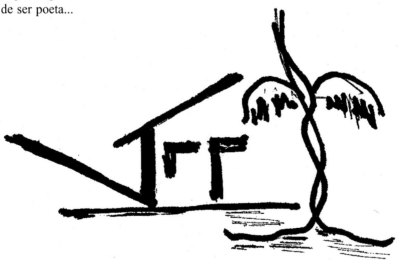

La Esperanza

Hace frío,
el viento canta
como los lobos.
Mi inquietud
se para cara a cara
ante la existencia.
En este otoño desierto
se apagan mis huellas...
se arruga el tiempo.
Se derrama el
gris del cielo
sobre mí.
La poesía, una vez más,
mete sus manos
en la sombra de mi alma.
Cristales de colores se entretejen...
la piel del mundo
es una sola...
y el día
se enreda en el ocaso,
llenando mi otoño... de esperanza.

Coreografía Cubana

Esta libertad
que me hizo prisionera,
solo la piedad del poeta
la puede comprender.
Por tradición
aprendemos el drama
que marca el tránsito
de la
coreografía
en nuestras vidas.
Cubano...
nos quedan realidades y
sueños por cumplir...
El hambre no tiene ley.
Como artesanos
fabricantes de máscaras
vivimos,
algo araña
la cáscara de
nuestra existencia...
Sale gateando cada letra
y nos recuerda
que de clave, bolero, azúcar,
café, tabaco y ron
se componen
nuestras vidas,
que hay latidos
que se escuchan en la distancia,
las quejas de los remos
en el mar,
que con sal
adoban las heridas
de aquellos que siguen
las garras de la luna.
Nada es diferente,
sin embargo...
todo cambia
y se despeluzan los sueños.
...Esta libertad...
...esta libertad
nos ha hecho prisioneros...
pero solo la piedad del poeta
lo puede
comprender.

Laberintos de mi Legado

Marily A. Reyes (MAR)

A Mis Amigos

"A mis amigos les adeudo la ternura…" una vez más… Con esta canción de Alberto Cortés (una de mis favoritas) **se dio comienzo a la maravillosa sorpresa del homenaje que me prepararon mis amigos y familiares una noche de Agosto,** mostrándome que son, ustedes todos, notas alegres del pentagrama de mi vida.

Pensé nombrarlos a todos, los que hablaron sobre mí, los que recitaron, los que me escribieron poemas, los que cantaron, los que trajeron cosas para comer y beber, los que entraban mojados y empapados por la tormenta que azotaba la noche; los muchos que aún al día siguiente me llamaron para explicar porqué no estuvieron presentes y cómo solamente una tormenta tal les podría privar de estar presentes. Igual quisiera mencionar a aquellos que me enviaron tarjetas y noticias cariñosas. En fin, pensé mencionar uno a uno los que me dieron ricos abrazos, besos, expresiones de cariño que me dan fuerzas para navegar la vida, pero son tantos…y tantos… y tantos mis sentires, que limitarlos a palabras no haría justicia.

La *"Integridad, Magia y Dedicación"* que me atribuyen con tan bello trofeo del que me hicieron entrega, es en realidad de ustedes, yo soy solamente el reflejo, el reflejo que forjamos juntos de ser una nación, un idioma, una raza, un ser, una política, una religión, un amor…el Arte.

Por eso con la libertad de mi propio ritmo, bebí la miel que me brindaron esa noche, y hoy les pido que vean un nuevo significado en la gastada palabra "gracias" cuando les digo:

GRACIAS por regalarme
rayos de sol en las gotas
de lluvia.
Por tejer el encaje
de la espuma que
nos une,
GRACIAS porque juntos
hacemos crujir el viento
con risas, con lágrimas,
con amor…,
GRACIAS…

Carta Abierta

¿Conoces la prisión del silencio? En ella vamos aprendiendo a morir cada día. Los seres con los que tenemos contacto, van dejando en nosotros gérmenes salvajes que se van comiendo la mitad de nuestro silencio. Por tradición aprendemos el drama de la vida y vamos creando la coreografía de nuestra existencia.

Cada día pensamos en las realidades y en los sueños por cumplir...

Por bendición soy poetisa, lo cual me sensibiliza y me hace comprender que el hambre no tiene ley, especialmente si es la del alma.

La desesperación por vivir, no solamente de existir, araña la cáscara de mi existencia.

Quien esto les confiesa se rinde a veces, cuando las más crudas emociones raspan mis sentimientos.

Por las silenciosas carreteras de la vida voy viajando y deteniéndome en cada esquina... Los recuerdos que me dejaron en los bolsillos del corazón mi familia, tanto la de allá como la de acá, son infinitos. ¿Qué de dónde soy? ¡Eso qué importa! Todos somos de un mismo país con incontables desviaciones geográficas. ¡Somos de la TIERRA! Por tal motivo tenemos en común las mismas inquietudes, penas y alegrías, padecemos idénticas ausencias y confrontamos similares realidades pero sobre todo, poseemos los mismos sueños... muchos por cumplir.

Subrayemos el hecho de que al fin aprendí a ascender por mi propia sombra, hasta escapar de la prisión del silencio en que me hallaba atrapada. ¡Hoy puedo verbalizar ese silencio, pues conocí su opresión! Pregúntate... ¿Acaso conoces tú la prisión del silencio?

Antología Rincón Bohemio/The Cove/Rincón (USA)

Entrelazando

Algunos de nosotros hemos determinado que estamos juntos en esta travesía y nuèstro proceso para sobrevivir son las artes. Proveemos un espectro variado para canalizar nuestra expresión creativa y es mi visión, aquella de entrelazar las artes entre sí, al igual que las personas. Cuando frente a la página en blanco estemos, tratemos de dejar plasmado en ella un poquito de nuestro yo.

Pinten, escriban, actúen, canten, les sorprenderán los resultados.

Mientras soltamos ese Bohemio interno, mantenemos nuestra promesa de alimentar amistad entre poetas y artistas, así como diseminar la poesía y las artes. Juntos estamos proyectando esa energía a ustedes.

Las palabras y las artes…tienen la habilidad de cambiar percepciones…

Pulverizando Fronteras

Desde una extraña dimensión el reloj me mira amenazante y gotas comienzan a deslizarse por mi frente...Me toca escribir un artículo y las 48 horas que le añadí al día me resultan cortas.

Como escritores al fin, plasmamos en papel la guerra, la historia, el amor, nuestro legado...Somos una colección de sentires, recorriendo los caminos de la cultura, de las artes; completando el descubrimiento y evolución de nuestra expresión y vivencia con los seres humanos y la naturaleza.

En nuestras páginas leerán sobre nuestros logros, nuestros alcances ¿para qué repetirlo?

Leerán sobre nuestro romance con la pluma, el lápiz y el pincel, los cuales toman fotos cuando nadie mira y que como ángeles dejan huellas en el papel.

Por los caminos de la cultura podemos encontrar el estímulo y satisfacer la necesidad de ser reconocidos en el ámbito del desarrollo personal pero unidos, sin dejar que:

"Nacionalidad, raza, sexo ni edad nos separen, siendo uno en las artes".

Dios nos da las herramientas para crecer y permitirnos la sensibilidad de gozar hasta la sensualidad de un atardecer, pero cuando empezamos a extraviar el detalle de la comunicación extraviamos nuestro yo interior; por eso, aquellos que son una latente parte de la gran familia de las artes, bajamos nuestro pensamiento hasta el fondo de las almas y ese mapa de nuestras vidas queriendo ser... pulverizador de fronteras.

Los Años

Después de la cena salí a tomar el fresco de la noche y a caminar, sin darme cuenta que cada paso lo daba sobre la piel de mi alma y sobre cada pulgada de mi corazón.

Según caminaba me acechaban los recuerdos; la vieja calle me hacía escuchar las risas y algarabías de mis hijos cuando eran pequeños. Cada paso sobre el pavimento me hacía pensar que ahí mismo habían pisado los piecesitos de mis niños como vuelo de mariposa fugaz. Se me hizo un apretado nudo en la garganta, mientras yo misma me aconsejaba y regañaba diciéndome: "¿de qué te quejas?... Hay personas que nunca han tenido hijos y no experimentaron esa felicidad inmensa de sentirse madre como lo has sentido y disfrutado tú." Mi raciocinio es excelente, pero mi corazón tiene su propia mente.

Caminé y caminé hasta llegar a un parque, no lejos de la casa, adonde jugaba mi hijo pelota cuando pequeño. Divisé de lejos a unos chicos jugando baseball, apresuré el paso mientras se me escapaba una sonrisa dulce-amarga. Ahí me senté a disfrutar el juego, buscando un escape para la tristeza que me ahogaba... Pasaron las horas... mientras yo revivía momentos de antaño. Me parecía ver a mi hijo y sus compañeros corriendo tras la pelota.

Yo sonreía, quería gritar, y de nuevo me tuve que controlar y volver a la realidad. Decidí entonces levantarme de la grada donde me había acomodado para disfrutar del juego (como hacía años atrás) y al ponerme de pie se me apretaba el corazón.

¡Ay Dios mío!!!! ¿Adónde se fue el tiempo???? Aún recuerdo cuando a veces tenían campeonato y era tarde, llovía, o había mucho viento, quizás tarde para cenar y yo estaba cansada del día. Disfrutaba el juego, sin dudas, pero a veces, me alegraba de que se terminara.

Hoy daría la mitad de mi vida para que bajo viento, lluvia, frío, hambre y cansancio, estuviera ahí mi niñito, jugando pelota y con su dulce sonrisa me dedicara su juego.

Volví a casa, mis hijos ya adultos estarían durmiendo la noche.

Sentí que me rodaban las lágrimas y algo más fuerte aún me apretaba la garganta. Me detuve al retumbar de unas palabras... "¿De qué te quejas mujer? Has tenido la vida perfecta..." Terminado el detalle me di vuelta, dejando atrás... el espejo.

Entrega y Pasión

Una vez más doy la bienvenida a un colorido tejido de nacionalidades sin dejar que nacionalidad, raza, sexo ni edad nos separen.

Con fuerza nos unimos, creando electricidad y provocando creatividad, quizás no en la forma más sofisticada, pero sí con un sentir profundo, probando los límites con un proceso innovador, lleno de nuevas y atrevidas ideas, encontrando el verdadero balance mientras exploramos el contraste de nuestras vibrantes culturas y ese inimitable hechizo de nuestras almas.

Sigue tu corazón por los laberintos de nuestra diversidad y siente cómo cambian tus alrededores.

Muy en breve…esto soy, y mi entrega y pasión es tal, que espero requiera de ustedes el involucrarse también.

Alma Misteriosa

A pesar de que el paso y la intensidad de la vida nos empuja, tenemos la mejor ventaja, la unión. Debemos ser versátiles con el potencial para impactar, tanto al ser pensante como al sensible corazón.

Venimos de diversos caminos en la vida, sin embargo tratamos de trabajar con ellos, no en contra de ellos.

Demos entrega total, presentemos estrategias y todos juntos llevemos a cabo la mejor ejecución posible.

Aunque una avalancha de realidades pueda tratar de aplastarnos a veces, tomamos refugio encontrando una ventana al cielo a través de la hermandad. Y a pesar de las incertidumbres que nos rodean, juntos venceremos.

Les invito a ser parte de esta hermosa y misteriosa alma que tiene el mundo de las artes, mientras se despliega a través de la vida en las alas de la poesía y el arte.

Anclados en el respeto que podemos lograr, trabajemos unidos develando el desarrollo de nuestro futuro.

Globalicemos la Hermandad

En mi primer escrito del milenio les pido hagamos un nuevo comienzo y aprovechemos la oportunidad. Notemos como el plano consciente del alma artística es más profundo que la de otros individuos y la comunicación ha de ser de profundidad significativa. Esto trae consigo una obligación, tenemos que ser superiores al lugar accidental de nuestro nacimiento, de nuestra raza y globalizar la hermandad a través de las artes.

Mentes creativas han pensado lo imposible y esas cosas imposibles han sucedido. Al principio del pasado milenio (1900), vivíamos totalmente aislados unos de otros, según avanzó el siglo la comunicación avanzó también. La mente creativa de Da Vinci veía al hombre con alas…y llegamos a volar y las distancias fueron aminorándose, desapareciendo.

Seamos los pioneros de este milenio, las mentes creativas que se atreven a soñar los imposibles…GLOBALICEMOS LA HERMANDAD. Tratemos de unificar las diferencias lingüísticas, raciales, las edades y que ambos sexos tengan los mismos derechos. Hagamos un colorido tejido de seres humanos que pertenecen a un mismo mundo unidos en las artes. Déjate contar entre nosotros, ven y entre otras cosas y otras artes, únete a continuar yendo a las escuelas a hablarle a los niños y desde los pañales de la infancia ayudar a guiar sus pasos canalizando las emociones e inquietudes que en ellos puedan haber.

Hagamos una fusión del adulto y el niño interno, con mentes curiosas, atrevidas, creativas. Del anciano aprendamos, para alimentar nuestros intereses personales y lo que nos apasiona. Creativa e inteligentemente miremos al pasado para aprender cómo pensar lo imposible y que se haga una realidad en el futuro.

GLOBALICEMOS LA HERMANDAD sin dejar que nacionalidad, raza, sexo ni edad nos separen. Abramos los abrazos al tejido colorido de diferentes nacionalidades, que se atreven a soñar los imposibles que nos ponemos como metas.

Nostalgia... (del niño interno)

Existe un lugar que sale de adentro del tiempo y toma vida en las plateadas noches de diciembre. Toma vida para aquellos que abandonan sus pensares y rinden el peso de su cabeza dejando caer las mejillas entre las manos, y con los labios entreabiertos se atreven a soñar. Es una invitación para compartir los toques de magia de la imaginación.

Un pino gigante, extiende sus ramas y colorea el mundo con el aroma de la Navidad. Sus ramas llevan joyas, adornos brillantes y le corona una estrella en lo alto, cerca de las nubes, allá... casi queriendo tocar el rostro de la luna.

Hay un olor familiar, agudo, claro y fresco que lo interrumpe solamente el crujir de la madera en el fuego.

Lucecitas, como atardeceres de fogosos colores, inyectan vida al árbol.

Una lluvia de estrellas envuelve el retintín melódico de distantes campanas, mientras un río de luces ilumina el animado pueblecito bajo el árbol navideño.

Todo Belén parece flotar en las callecitas que avanzan entre las casitas de miniatura y establos sobre el algodón nevado que yace bajo el árbol. Hay figurines que parecen correr hacia la deslumbradora luz de una estrella del norte.

Siluetas de lustrosos ornamentos bailan al compás de la música del cortante viento, en las calles del ayer...

Hay una discreta iglesita que se inclina en la cuesta de una loma, como si esperase por algo. Las ovejas corren hacia la misma dirección mientras el pastor las vela.

El resplandor de la Navidad indica el camino. Se escuchan villancicos... "Noel, Noel..."

El congelado lago está rodeado de pinos, que miran las aves vagando. La paz engolfa el aire. Un hombre de pieles rojas, cachetes rosados y barba blanca como la nieve, va riendo, volando en un pequeño trineo lleno de juguetes, y renos que tiran de él. Un guiño del ojo y el hombre de las pieles rojas sigue su camino. Los Reyes Magos, que venían siguiendo una estrella, llegan llenos de regalos.

Todos van camino a un establo adonde hay un pesebre lleno de heno que acolchona a un recién nacido; recién nacido de chispeantes ojos, rosados labios y pequeños deditos, cuyo resplandor ilumina la noche y adorna las almas.

El mundo parece detenerse; los cielos despiden una radiante luz; y las estrellas parecen haber bajado a la Tierra, para salpicar a todos con un sentimiento universal.

La magia de la Navidad saca un espacio de adentro del tiempo; su niebla dorada lleva el corazón a un lugar nostálgico, un lugar en el tiempo, en el plateado diciembre; cuando parece haber un algo más en la vida, aun debajo del árbol de Navidad.

Contaminando

Como artistas tratamos de poner nuestro granito de arena para dar de nuestras culturas, inclusive al más insignificante en esta sociedad; cosa que en este mundo egoísta, consumista e interesado nos ayudemos entre todos a cambiarlo un poquito, desde este espacio que ocupamos.

El sufrimiento y el desespero se alivian dando y "contaminando" de lo positivo, no de lo negativo. Tratamos de que nuestros más íntimos ideales, sueños, quejas, penas y necesidades se puedan expresar y compartir por medio de poesías, teatro, pintura, música, danza y arte en general.

Vengan y cambiemos, entre todos un poco, las condiciones que llevan a los seres a convertirse en algo negativo; usemos la energía positivamente para que se canalice en las artes.

En nuestra diversidad demostramos la solidaridad uniendo las varias ramas de las artes en una sola energía... todos cogidos de la mano, sigamos.

La Palabra Nos Une

La Palabra Nos Une... así llamaron al encuentro de escritores en Chile el 11 de noviembre del 2004, al que asistimos, representando a The Cove/ Rincón Internacional.

Este evento dio testimonio de que la poesía es algo para respetar y es todo un legado. Chile lo prueba con sus Premios Nóbel. Asistió un grupo muy diverso con el común denominador de la pluma y el amor.

Chile, su gente, ALIRE (organización que preparó el encuentro), presidida por la Sra. Dora Miranda, apoyada por muchos más para nombrar, pero todo con un valor humano y literario inmenso, nos ayudaron a romper barreras y a disfrutar de un evento único, tan hermoso como sus organizadores.

La sirena de la policía, el Alcalde, el Gobernador, un buque de la Armada que encabezó una de las ceremonias en la cual se lanzaron botellas con nuestros poemas al mar, el bote adonde íbamos los poetas con las botellas en las manos queriendo lanzar un pedazo de nuestras almas a ese mar, una flotilla de barquitos pesqueros con banderines de colores y los pescadores gritando "Que vivan los poetas"... ¡¡¡Qué lindo es llorar de alegría!!!!

Después viajamos hacia Argentina. Allá tuvimos un encuentro con los miembros argentinos de The Cove/Rincón y con muchos lindos amigos escritores y de la plástica que se nos unieron. La reunión se llevó a cabo en la Sociedad Argentina de Escritores de Buenos Aires.

Desde hace tiempo éste era un sueño de nuestros Delegados en Argentina, Silvia y Raúl López. Aún saboreo lo emocionada que estaba Vilma, mi Primera Vicepresidenta, quien es argentina, diciendo cuánto ella había soñaba tenernos allá, en su país. Las lágrimas nos jugaban trastadas. Se cumplió otro sueño difícil de olvidar.

Todos los poetas, los escritores, los artistas visuales... todos ellos se han ganado mi respeto y admiración.

Gracias Chile y Argentina porque la cultura comienza desde el alma y ustedes nos regalaron la suya.

Siempre Desarrollando

Los latidos de mi mente ya hoy cansados, piden ayuda al fantasma de mi sombra. La tarea ha sido ardua, tanto que a veces me he mordido el alma hasta que sangra.

He cumplido mis tareas; ahora necesito recargar mis baterías para comenzar de nuevo otra vez entretejiendo cuerpo, mente y alma.

Trato de atar puentes entre lo físico y lo espiritual, utilizando las artes como punto de apoyo universal para el corazón humano. Es por esto que me aventuro a hacer eventos, que siendo a su vez terapia, son trabajos fuertes para el alma.

Temor, alegría, obstáculos, son confrontados. Siempre estoy desarrollando al sumergirme dentro de la cultura de cada uno, ya sea a solas o con guía y nos admiramos… aprendiendo a co-existir.

Cosas Sin Tiempo
Abril 2001

Para todos los que con tanto amor participaron en la linda sorpresa que me dieron por motivo de mi cumpleaños.

La sensación que me embargó esa noche cae en la lista de las cosas sin tiempo, porque años después las podemos recordar y revivir.

Cosas tan especiales así, son las que sacan la chispa que prende el polvo del cariño y los sagrados vínculos que han nacido entre nosotros.

Somos todos navegantes en un barco de papel que con cariño vamos reforzando y convirtiendo esta existencia en una travesía de amor y hermandad.

Gracias a ustedes todos por navegar conmigo.

Canalizando Emociones

(Después de septiembre 11 - 2001)

Los invito a que se cobijen con nosotros bajo la manta de las artes, utilizando el arte como una herramienta para sanar.

Aplaudo la forma en la que unidos, hemos respondido a la gran tragedia del once de septiembre. Tenemos imágenes que han perforado nuestros corazones. Ahora, perforemos el silencio y hallemos el pulso de la comunidad en un proceso para sanar. Las artes sirven de herramienta para ello.

Busquemos y reinventemos cómo reflejar la excelencia y la pasión por las artes en medio de la diversidad y adversidad. Queremos trabajar con el público para que experimenten las artes. Debemos poner un paro al dolor que corre y se aloja en nuestras mentes.

A través de las artes, de escribir, el estrés no desaparece como por arte de magia, pero sí ayuda a que se pueda subsanar con el tiempo. Esto es cierto no solo en esta reciente tragedia, sino en todos los aspectos de la vida.

Utilicemos las artes para canalizar nuestras emociones.

Juntos probemos que no le tememos a dimensiones desconocidas, y juntos, bajo esta misma manta, nos sanaremos y ayudaremos a sanar.

Globalización y Cambio

La globalización está aquí y con ella corrientes de cambio. El cambio es bueno cuando se pone alma y corazón... Mientras ponemos alma y corazón encontramos ventanas de oportunidades y nos acecha la posibilidad.

Nuestras capacidades y sueños las fundimos haciéndonos aliados en un proyecto internacional y cultural, expandiendo y fortaleciendo nuestra visión. Esto ha sido un reto y hemos contestado "presente" sabiendo aprovechar las oportunidades que trae la globalización.

Los procesos logísticos no son fáciles, se crece rápidamente y a veces se nubla la creatividad con las estrategias del procedimiento y puedo sentirme sobrecargada.

Además de esto me complace cuidar con cariño y gusto a mi gente de Miami.

Ustedes son la esencia y mi combustible, denme sugerencias, soluciones, que ayuden al tapete de culturas, arte e ideas que tratamos de tejer.

Creando y compartiendo de corazón no tendremos por qué temer a dimensiones desconocidas.

Reconocimiento

En Septiembre 18 de 1999 para una entrega de premios me piden que hable y presente a Esperanza Bravo de Varona y me entregan una nota biográfica sobre ella...que decía: Profesora , Bibliotecaria y Archivera, Directora del Departamento de la Colección de Herencia Cubana de la Biblioteca Otto G. Richter de la Universidad de Miami. Mujer Cubana graduada de la Universidad de La Habana, una LARGA lista de sus credenciales, de premios, entre ellos el Nuevo Herald la nombró "El Personaje de la Semana", publicaciones varias sobre temas cubanos y otros tantos alcances...que han sido muchos.

Todo esto estaba muy bien, pero... yo quería conocer a LA PERSONA. ¿Me explico?.

Así que me prepararon una entrevista con la señora de Varona.

Fue una sorpresa, porque las horas me pasaron volando y más que una entrevista fue una clase educacional para mí...que ha enriquecido el conocimiento de mis raíces cubanas.

Primero Esperanza me cuenta de su trayectoria personal, su esposo, su tiempo en Santo Domingo, su salida final de Cuba, etc.

Luego me dice del empuje, que precisamente le da una señora americana, quien le da aire a sus alas embulléndola y reasegurándole que ella puede; para que al fin alcance ser parte del "FACULTY" (como decimos aquí) de la Universidad de Miami.

Luego me habla de Lesbia Orta, de Gladys Blanco y sigue una larga lista de nombres a quien ella les está dando crédito y se olvida que la homenajeada es ella.

...Esperanza... Aquí empecé a conocer a quien yo quería, a LA PERSONA, la que se olvidó de ella para dar crédito a los demás.

Esperanza Bravo de Varona comienza en la Universidad de Miami en Septiembre de 1967. Toma el entrenamiento de Archivos Nacionales de Washington DC en el idioma Inglés. Crea la accesibilidad al material cubano y lo archiva.

No olvidemos que la biblioteca es la base para la evaluación de las universidades y Esperanza se ha asegurado que la información de la herencia cubana esté al servicio del mundo entero. Ella es Presidente del Comité Ejecutivo de la Sección de Archivos Universitarios y de Instituciones de Investigación del Consejo Internacional de Archivos con sede en París. Con ella me informé que:

* La colección Cubana de la Universidad de Miami había sido fundada en el año 1926 y que pronto, después, venían ya profesores de la Universidad de La Habana a enseñar en la Universidad de Miami.

* Que el "team" de los "Hurricanes" de la Universidad de Miami jugó su primer juego con el "team" Caribe de la Universidad de La Habana el día de Thanksgiving de 1926. Y los primeros juegos de baloncesto y el "team" de natación siguió esos pasos también.

* Que el primer graduado de la Universidad de Miami había sido latino...Una mujer cubana...

* Sobre el temprano intercambio de estudiantes de Cuba y Estados Unidos con la Universidad de Miami; así como intercambio de libros.

* Que el segundo Honoris Causa dado por la Universidad de Miami fue para un cubano, entre los tantos que siguieron después.

Esperanza ha aclarado dudas existentes sobre nuestra historia, especialmente ahora que el que está corriendo nuestra patria quisiera borrar nuestra historia y nuestra geografía si lo dejasen. Pero con personas como la señora de Varona y el trabajo que ejerce, a este señor se le dificulta.

Ella tomó muy en firme la bandera que dejaron en sus manos para continuar la preservación del material cubano. Por eso no me sorprendió cuando al yo preguntarle:

-Esperanza, ¿qué diría que la ha destacado a usted en el exilio cubano y en nuestra historia cubana? Y ella me respondió: "Ser la Directora de los Archivos Cubanos de la Universidad de Miami"

Así, damas y caballeros, tuve el placer de conocer a quien cosquilleó mis deseos para interesarme aún más por mis raíces; conocí a LA PERSONA, quien ha aportado y continuará aportando a la cultura, no solo cubana, sino universal.

Nota: Quiero dejar plasmada en el papel Mi humilde pero sincera presentación, como agradecimiento a quien celosamente cuida nuestra historia: ESPERANZA BRAVO DE VARONA.

Mi Plan de Batalla

El año 2002 se aproxima a su fin y con ello el primer año de un nuevo milenio. No todo termina, con todo fin llega un nuevo comienzo y con voces prestadas, integridad y la esencia de nuestras almas saludamos un nuevo día. Vino y canción para el picnic del año: Navidad, la temporada más hermosa. Bendiciones a todos.

Nuestro combustible debe ser más fuerte que el accidente geográfico de nuestro nacimiento o raza, estamos fundidos en UNO a través de la pluma y las artes, dejando así nuestro legado a este mundo.

La tarea requiere sacrificio personal, pero debemos asumir la responsabilidad haciendo gala de una creatividad que interpreta nuestra diversidad trazando líneas de un camino a recorrer.

Sin comprar voluntades ni conciencias, fuego y amor es mi plan de batalla. Escalo a mi propio ritmo y, como resultado de mis esfuerzos, voy creciendo rápidamente y con firmeza.

Aquí estoy comprando imágenes, tratando de ponerlas a trabajar, para con palabras, poder explicar qué y quién soy. No puedo perder de vista lo que es verdaderamente importante y de valor, el contacto humano y el reto del alma artística.

Ustedes, sin saberlo, han ido sembrando en mí un gran amor por los pueblos de donde proceden.

Las costumbres y expresiones que a diario me regalan hacen un surco profundo en mi corazón, donde se siembra la semilla del amor y la comprensión y en algunos casos hasta la tolerancia, que va regándose día a día con el conocimiento y con el familiarizarnos de lo que al principio nos luce extraño y luego se abraza, o nos abraza, como algo muy nuestro.

Buchito a Buchito

Somos una organización que vibra y brilla con su propia luz y contribuye a la cultura, buchito a buchito, pero con una determinación aplastante. Nada nos para.

Fieles miembros de la Directiva y de la organización, todos juntos vamos. Todos ustedes tienen parte del crédito de los logros de esta organización.

The Cove/Rincón no es para todos, siempre lo he dicho, no queremos cantidad sino calidad y corazón y eso se está probando cada día en la gran familia de The Cove/Rincón.

Se cierra un año más y quiero felicitar a la Directiva completa por el tremendo trabajo que han hecho y daremos la bienvenida a los nuevos que comiencen.

Que el Santo Niño, en este hermoso mes de diciembre, cuando celebramos su nacimiento, les colme a todos de bendiciones y nos permita continuar nuestra tarea. Y aunque a veces nuestro niño interno duerma con garabatos en su sueño, nos toca aplacar los dragones de estos sueños. Y si somos del café, solo el buchito, no importa, cada paso cuenta y no nos dejaremos vencer; seguiremos hasta que nuestra pluma envejezca. Y..si algunos no pueden descubrirnos y aunque nadie pueda pintarnos, llevemos pintado en el cerebro y el corazón…ese buchito de café.

Feliz Navidad a todos, que el Santo Niño les bendiga.

¡Qué Me Llamen Soñadora!

El mundo que deseamos vivir lo tenemos que edificar, solo entonces podremos vivir en él.

Una vez más aquí estoy, tratando de apoderarme de un mundo de posibilidades con nuestras conexiones culturales, nuestras tantas nacionalidades y el orgullo cultural que estamos nutriendo.

La variedad nos hace fuerte, la diversidad nos da verdadera cultura. Juntos podemos crecer como individuos, apreciando nuestras diferencias en este mundo, cuya costura, parece estar desbaratándose.

Se nos presenta la oportunidad de ser diversos y debemos zambullirnos en ella. Por mi parte, siendo cubana, empaco mi guayabera y me lanzo a lo profundo. Que me llamen "soñadora", algunas clasificaciones merecen ser aceptadas. ¡Vamos a unirnos y a pavimentar nuestro sendero...!

Mi Legado

Envolvernos en acontecimientos que nunca hemos realizado nos asusta porque es un riesgo. Pero yo no permito que la inseguridad del cambio me paralice. Cuanto más temor sentimos, más duro debemos trabajar. Si nosotros queremos más, si queremos ser innovadores, se debe asumir el reto.

Sé que soy osada, planteo muchas preguntas, pero me atrevo a ser diferente en el campo cultural.

Después de una exhaustiva investigación, trabajo sobre estrategias a seguir para realmente comprender la dinámica de aquello que me importa y encuadrarlo hacia mis intereses particulares junto con la armonización de las distintas artes.

Ambiciosas son mis metas, y no me atemoriza trabajar duro y poner mi mayor esfuerzo para lograrlas.

Teatro, libros, canciones, todas las cosas que se manejan con amor dejan un legado en la vida. Mi vida y mi obra están basadas en el amor, y de esta manera dejo mi legado.

Nuestro Lugar en la Historia
Cuba, anécdotas y datos biográficos

Datos relatados por mi padre, Miguel Angel Benítez Rodríguez

Mi abuelo paterno: Manuel Benítez Reyes casado con María Rodríguez
Nació: 1878 en Santi Spíritu, Santa Clara, Cuba. De padres españoles (gallegos)
Murió: 1960 (julio 21) Habana, Cuba.
Comandante del Ejército Libertador de Cuba
Peleó Junto a José Martí, José Miguel Gómez y otros.
1895 - Manuel Benítez Reyes gana el grado de Comandante en el Ejército Libertador, en la batalla de Arroyo Blanco, en la cual también José Miguel Gómez gana el rango de General.
1898 – España deja Cuba y entran los Americanos. Comienza la república y entrenan un ejército, el Ejército Nacional Cubano, del cual nombran a Manuel Benítez Reyes Capitán en el año 1902.
La amistad entre Manuel y José Miguel continúa.
En el 1907 José Miguel Gómez y señora, doña América Arias, bautizan los hijos jimaguas de Manuel y María Rodríguez, siendo ahora los padrinos de Ricardo y Miguel Angel, los cuales mueren antes de cumplir su primer año.
La amistad entre José Miguel Gómez y mi abuelo era muy estrecha, tanto así que Manuel, por muchas razones, hacía del doble de José Miguel muy a menudo. Los dos hombres se parecían, eran oradores, se vestían igual, etc. y cuando José Miguel tenía muchos compromisos políticos como orador, le pedía entonces a Manuel que fuera en su lugar para él cumplir otros compromisos. Como en esos tiempos no estaban las cámaras de televisión, pues nadie lo notaba de lejos.
En el año 1906, durante uno de estos compromisos políticos donde Manuel hacía de doble de José Miguel, los conservadores encabezados por Raúl Menocal, durante un banquete, creyendo que mi abuelo Manuel era José Miguel trataron de envenenarlo.
A Manuel, enfermo aún por el intento de envenenamiento, lo llevan entonces para la casa de José Miguel Gómez días antes de las elecciones presidenciales. José Miguel gana estas elecciones.

1906 – 1910: José Miguel Gómez es el segundo Presidente de la República de Cuba.

Manuel Benítez Reyes tiene una hemotisis a raíz del envenenamiento y el médico lo envía a un país más frío para recuperarse. Entonces, por agradecimiento, el presidente y amigo José Miguel Gómez le da un puesto a Manuel enviándolo como Representante de Cuba en España. Mi abuelo estuvo allí tres años mientras se recuperaba; al mismo tiempo ejerció de reportero desde España, en dos periódicos de La Habana: La Lucha y La Discusión

1917: Revolución de la Chambelona (Liberales contra Conservadores)
Con la música de la Chambelona se oía: "Tumba la caña y anda ligero/ mira que ahí viene Menocal sonando el cuero." Y así era, la Guardia Rural "sonaba" a los trabajadores que se oponían al sistema de Menocal.

En 1917 parte del Ejército Nacional Cubano, partidario de José Miguel Gómez, se subleva y se alza en contra del gobierno de Menocal, porque pensaban que había habido fraude en las elecciones. Manuel Benítez Reyes estaba entre los sublevados. Lucharon casi un año, pero gana Menocal y entre los que cogen prisioneros está mi abuelo Manuel. Los prisioneros eran fusilados...

María Rodríguez, mi abuela, va a pedir ayuda a casa de Carmita, Carmen Zayas Bazán esposa de José Martí y madrina de otro de los hijos de Manuel: Manuel F. Benítez Rodríguez. María le cuenta a Carmen lo sucedido. Carmen le da a María una tarjeta de su hijo Pepito (hijo de José Martí y Carmen) quien tiene influencia en la política. En aquellos días las tarjetas no eran como hoy, que se pueden duplicar fácilmente; así fue que enseñando esta tarjeta, con el nombre de Pepito Martí, la dejan pasar en la prisión a ver a su esposo Manuel, a quien iban a fusilar.

María usaba un abrigo capa con cubierta de cabeza. Manuel, al ver a su esposa, le pregunta cómo pudo entrar a verlo. Ella le explica y él le dice que con esa misma tarjeta saldrían los dos de ahí. El se pone la capa de María, se cubre la cabeza y María con su vestido; así salieron juntos de la prisión.

En la casa se estaba haciendo un pozo que tenían tapado con zinc, allí se esconde Manuel porque lo estaban buscando (todo esto toma lugar en La Habana)

Alguien denuncia que Manuel está en la casa. El ejército viene y rodean la casa. Entra el capitán y María, nerviosa, se para sobre el zinc del pozo. El capitán lo nota y le dice "Bueno señora, si él viene por acá... dígale que hay ciervos que sacan ojos." En otras palabras, quiso decir que no se confiara.

Acaba la Revolución de la Chambelona y todo pasa. Expulsan del Ejército Nacional a todos y ponen los de Menocal, pero mi abuelo Manuel sigue siendo, ya no Capitán del Ejército Nacional Cubano pero sí Comandante del Ejército Libertador, con cuyo rango muere en 1960.

Entre otras anécdotas de la vida de Manuel Benítez Reyes, es notable la de los Ñáñigos, secta de negros africanos que robaban niños, etc. Una noche, empiezan a celebrar los Ñáñigos con tambores, fogatas, ginebra de caña de azúcar y como a la segunda o tercera noche, Manuel cogió su caballo, machete y revólver y fue a terminar con los Ñáñigos, quienes le tenían miedo al Capitán Benítez. Esto fue en los años veinte.

También continúa la amistad con Carmen Zayas Bazán, la esposa de Martí y ya madrina de su hijo Manolo. Carmen un día le regala la cama que fuera de ella y José Martí, también armas y la tacita de café que usaba el prócer (yo personalmente la tuve en mis manos cuando era niña y años después comprendí su valor) entre otras cosas.

Miguel Mariano José Arias, también hijo de José Miguel Gómez, fue presidente de Cuba y cuando era muchacho mi abuelo Manuel, como era amigo de su padre, le daba dinero (doblones) para que Miguel Mariano fuera a pasear. Con el paso de los años, Manuel hace campaña para la presidencia de Miguel Mariano, el cual sale electo en 1936.

Manuel F. Benítez Rodríguez sirvió 34 años como empleado público, entre ellos Jefe de Despacho de Gobernación. 17 años en el Ministerio de Gobernación; Jefe de Despacho de la Subsecretaría. Comenzó de mensajero de telégrafo, Inspector de Ayuntamiento en La Habana, Delegado del Partido Republicano, Delegado de Hacienda, Jefe de Cartera Dactilar y Jefe de Despacho.

Continuaba, como su padre, la política hasta que emigró primero a Panamá y más tarde a los EE.UU. Salió en el primer avión de exilados que partió de Cuba el 1ro. de enero de 1959 hacia Panamá, el mismo día de la toma de posesión de Fidel Castro.

En los años veinte y pico Concepción Garabal Reyes, hermana de Manuel Benítez Reyes, compra un local en La Habana donde pone su negocio de medias y lo llaman "La casa de las Medias." En la azotea de ese edificio, Cacha, la hija de Concepción, conoce a quien fuera después su esposo: Angel Cambó Ruiz, mecánico dental aficionado al radio, los primero que salieron. Funda la estación de radio "La Casa de las Medias" estación radial, la cual llegó a ser la conocida CMQ. Cambó fue el presidente de la CMQ hasta que la vende a los hermanos Mestre.

Miguel Angel Benítez Rodríguez, mi padre, fue el protagonista de nuestra familia. Si bien mi padre acostumbraba a viajar a este país por su negocio varias veces al año, en septiembre de 1959 se exilió en Estados Unidos sin volver nunca más a Cuba. Dos años después pudo traer toda la familia para este país, mi madre, mis dos hermanas y yo.

Consejo Nacional de Veteranos de la Independencia, en el Palacio Presidencial, recibiendo la campana de La Demajagua, la cual es entregada a ellos por el Presidente Grau San Martín.

Manuel Benítez Reyes con sus cinco hijos, en 1952. De izquierda a derecha: Miguel Angel Benítez Rodríguez (mi padre), Dulce, Mercedes y Manolo, estos cuatro hijos de Miguel y María. También se encuentra Lourdes, la más pequeña, que después que Manuel enviudó se vuelve a casar con una señora de nombre Pastora y nace Lourdita.

Manuel, el día que fue a la toma de posesión de Miguel Mariano en palacio.

Manuel

María y Manuel

123

Datos relatados por mi madre,
la señora Nilda Domínguez Saavedra de Benítez

Sus padres, procedentes ambos de Islas Canarias, José Domínguez Vargas y Ceferina Saavedra Palmes. Mi abuelo José era colono, tenía dos fincas "Palenque" y "La Loma de Candela"ambas en La Habana (Güines).

Por los años 1800s, el notable Manuel García y sus rebeldes, que peleaban contra los españoles, pasaban por la finca "El Palenque"de José en busca de comidas, novillos, etc. para subsistir. José, de acuerdo con ellos, le había dicho a su esposa Ceferina que les cocinara picadillo, malanga, etc. y, mientras comían, el que vigilaba dio el alerta de "¡columna española!" y salieron todos huyendo; pero el hambre era tanta que los puñados de picadillo iban a parar a los bolsillos.

Después de la guerra, Ceferina Saavedra Palmes fue una de las primeras maestras que hubo en Cuba. El gobierno le pidió que enseñase, que le pondrían la escuela en la misma colonia, y así fue.

Nilda Domínguez Saavedra

José Domínguez Vargas

Ceferina Saavedra Palmes